KB197466

애 같은 말투
10분 만에
바꿔 드립니다

단 하루 만에 이미지가 달라지는

확신의 말투 교정법

애 같은 말투
10분 만에
바꿔 드립니다

김채린 지음

서스테인

프롤로그

　애 같은 말투가 고민인 분들, 고급스럽고 신뢰감 있는 이미지를 갖고 싶은 분들 모두 환영합니다! 어른이 되는 순간, 직장인이 되는 순간, 말투도 자동으로 '어른 말투'가 되면 참 좋을 텐데 여전히 학생 시절의 애 같은 말투에 머물러 있어 고민인 분들 많으시죠? 성인이 되어서도 애 같은 말투를 고치지 못한 사람들의 고민은 바로 말투와 목소리 때문에 실력을 제대로 인정받지 못한다는 것입니다. 말투로 인한 애 같은 이미지 때문에 실력이 뛰어나도 왠지 일을 믿고 맡기기는 불안하다고 느껴지는 것이죠. 그럼 어떻게 하면 애 같은 말투를 고치고, 신뢰감 있는 이미지로 실력을 제대로 어필할 수 있을까요?

　애 같은 말투에 대한 고민으로 책을 집었지만 한편으로는 '말투와 목소리는 선천적인 것 아닐까?', '노력한다고 바꿀 수 있는 걸까?' 하는 의심의 눈초리로 살펴보시는 분들도 계실 겁니다. 일반적으로 말투와 목소리는 외모와 달리 바꾸기 어렵다고 생각하는 경우가 대부분이니까요. 그러다 보니 이 책을 읽는 게 괜한 시간 낭비가 아닐까 하는 망설임도 있으실 겁니다. 그 마음을 저는 백 번이고 이해합니다. 제가 바로 애 같은 말투의 주인공이었기 때문입니다.

　제 이야기를 잠시 해보겠습니다. 저는 초등학생 때부터 일명 하이톤 목소리와 혀 짧은 소리가 콤플렉스였는데요. 어떻게 그렇게까지 하이톤일 수 있냐며 친구들이 신기해할 정도였습니다. 사실 학생 때까지만 해도 어차피 어른이 되면 자연스럽게 어른스러운 말투와 목소리로 바뀔 거라 생각했기 때문에 대수롭지 않게 여겼습니다. 시간이라는, 나름의 믿는 구석이 있었달까요? 하지만 불행히도 성인이 된다고 해서 애 같은 목소리와 말투가 저절로 성숙해지지는 않더라고요. 주변 환경도, 책임져야 할 일들도, 사회적 위치도 완전히 달라졌는데 목소리만은 여전히 학생에 머물러 있는 느낌이었습니다. 그즈음부터 애 같은 말투와 목소리가 일상생활에서 불편하게 느껴지기 시작했습니다. 왠지 무시당하는 느낌, 상대방에게 신뢰를 주지 못한다는 생각에 특히 중요한 미팅을 할 때는 지레 주눅이 들기도 했죠.

그런데 이렇게 애 같은 말투와 목소리가 콤플렉스였던 제가 이제는 어엿한 아나운서가 되었습니다. 현재는 프리랜서 아나운서로 일하고 있고, 〈피의 게임 시즌 3〉에서도 아나운서로 참여해 게임을 진행하기도 했는데요. 이전의 콤플렉스로 인한 고민이 무색하게 이렇게 신뢰감 있고 카리스마 있는 아나운서 일을 소화해 내는 걸 보면 가끔은 기적이 아닌가 싶기도 합니다.

이렇게 제 변화 과정을 열심히 설명한 이유는, 현재 애 같은 말투를 지니고 있다고 해도 누구나 노력을 통해 얼마든지 교정할 수 있다는 이야기를 전하고 싶기 때문입니다. 제가 바로 산증인이니까요!

물론 아나운서가 되기에는 선천적으로 부족했던 만큼, 저는 부단한 노력이 필요했습니다. 아나운서 준비를 하며 학원에 쓴 돈이 중고차 한 대 값은 될 정도로 말이죠. 그 과정에서 정말 많은 방법론을 접하고, 시도하고, 또 실패하기도 했습니다. 그리고 결국 '내 것'으로 만드는 과정에서 실질적인 변화를 느꼈던 방법, 유용하게 쓸 수 있는 포인트만을 모아 이 책 한 권으로 정리했습니다.

무엇보다 이 책을 쓰길 결심한 이유는 얼마 전 제 유튜브 채널에 "애 같은 말투 확실히 고치는 3가지"라는 제목으로 영상을 올리자 금세 조회수가 80만에 달하는 걸 보며 애 같은 말투를 고치고 싶은 사람이 정말 많다는 걸 실감하게 되었기 때문입니다. "지금까지 봤던 영상 중에 가장 실질적인 도움이 됐다"라는 구독자분의 후기가 집필의 동력이 되기도 했습니다.

실제로 제가 아나운서 준비를 하는 과정에서 '이것만 알아도 말투 느낌이 진짜 확 바뀌는구나' 싶어 놀랐던 '킥'이 몇 가지 있었는데요. 이 킥을 아나운서 준비생만 알기에는 참 아깝다는 생각이 들더라고요. 누구라도 이 핵심적인 몇 가지 킥만 알면 지금보다 훨씬 고급스럽고 성숙한 말하기가 가능하니까요. 그래서 제가 수백만 원을 들여 학원을 다니며 얻어낸 애 같은 말투를 한 번에 고쳐주는 핵심적인 킥을 모아 이 책에 담았습니다.

특히 책을 쓰면서 가장 중요하게 생각한 부분은 이론적이고 지루한 설명보다는 지금 당장 적용할 수 있는 실질적인 해결책을 담자는 것이었습니다. 말하기 책은 읽고 나서 당장 써먹을 수 있어야 의미가 있다고 생각하기 때문입니다.

이 책에 담긴 방법들은 저라는 사람을 아주 크게 변화시킨 방법이기도 합니다. 이제는 공적인 자리에서 사람들이 저를 어리게 보며 무시하는 일도 전혀 없고, 저를 대하는 태도가 달라졌으니까요. 그러다 보니 저 역시 사람들 앞에서 말을 할 때 더 자신감 있게 말할 수 있게 되었고요. 말투 변화에서 시작된 선순환이랄까요? 이 책을 통해 독자분들도 제가 경험한 것처럼 책을 읽기 전과 후의 변화를 확연히 느끼실 수 있기를 바랍니다.

말투가 이미지에 얼마나 지대한 영향을 미치는지는 길게 설명하지 않아도 이미 느끼고 계시리라 생각됩니다.

운동, 영어 공부, 책 읽기 등 이미 많은 사람이 실천하고 있는 자기계발은 정말 많지만 저는 말하기 공부야말로 가장 우선되어야 하는 자기계발이라고 생각합니다. 365일, 깨어 있는 시간 내내 사용하며 나의 이미지를 결정짓는 요소이니까요.

이 책에 담긴 방법들은 한 번만 익혀두면, 일상생활에서 바로 변화를 체감할 수 있게 하고, 삶의 곳곳에서 엄청난 무기가 되어줄 겁니다. 이 책을 통해 그 변화의 놀라움과 새로운 세계에 대한 설렘을 느낄 수 있는 계기가 되기를 바랍니다.

차례

CHAPTER 2
순식간에 이미지가 달라지는 발성법

CHAPTER 3
어른스럽고 야무진 인상을 만드는 발음법

CHAPTER 4
말에 힘을 실어주는 고급 기술

CHAPTER 1

애 같은 말투
10분 만에
고치는 법

애 같은 말투의 핵심,
지그재그 말투

젊은 패기로 신속 정확한 정보를 전달한다!

안녕하세요, 인턴기자 주현영입니다.

몇 년 전, 큰 화제가 됐던 한 개그 프로그램의 대사입니다. 이 대사는 하나의 '밈'처럼 자리 잡으며 많은 패러디를 낳았는데요. 평범해 보이는 한 줄이 이렇게까지 많은 이들의 공감을 얻은 이유는 바로 '말투'에 있습니다. 사회 초년생의 어리숙한 말투가 기자라는 똑 부러진 이미지와

는 거리가 멀어 웃음을 자아낸 겁니다. 많은 사람이 '대리 수치심'을 느끼며 "대학 시절 내 모습을 보는 것 같다"라고 공감하기도 했습니다. 또 "사회 초년생 시절 첫 직장에서 발표하던 때가 생각났다"라는 등 보는 이에게 자신의 흑역사를 떠올리게 한 이 장면. 그저 과거 회상에만 그친다면 웃고 넘어갈 수 있겠지만, 누군가에게는 현재의 모습이기도 해 마냥 웃기만 할 수는 없었을 겁니다.

어른이 되는 순간, 말투도 자동으로 '어른 말투'가 되면 참 좋을 텐데 아쉽게도 말투는 시간도 저절로 해결해주지는 못하나 봅니다. 그래서인지 자신의 위치도, 환경도, 책임져야 할 일들도 많이 달라졌음에도 말투는 여전히 학생 시절에 머물러 있어 고민인 사람이 참 많습니다. 말투에 대해 제대로 공부한 적이 없었다는 방증이기도 하죠.

영어 공부는 매년 새해가 될 때마다 올해의 목표로 삼곤 하지만 아이러니하게도 영어보다 자주 사용하는 한국어 말투에 대한 공부는 제대로 시도조차 해본 적 없는 분들이 많을 겁니다. 한국어 말하기는 365일, 깨어 있는 내내 사용하는데 말이죠.

대부분 말투나 목소리는 '타고나는 것'이라는 생각 때문에 따로 공부해야 할 생각을 하지 못한 분들도 많고, 또 과연 효과가 있을까 싶은 의구심에 미뤄온 분들도 많을 겁니다. 그런 분들을 위해 지금부터 가장 쉽고 빠르게 효과를 볼 수 있는 '어른 말투 8계명'을 알려드리려고 합니다. 지금부터 알려드릴 이 '어른 말투 8계명'만 따라 하면 금세 나의 이미지와 경쟁력이 확연히 달라져 있음을 체감하실 수 있을 거예요.

앞서 살펴본 주현영 인턴기자의 말투는 소위 '애 같은 말투'를 따라 한 건데요. 과연 어떤 점 때문에 애 같아 보이는 걸까요? 이 말투의 어떤 특징이 어리숙해 보이고 애처럼 보이게 하는 걸까요? 발음, 발성 등 다양한 요소가 있지만, 그보다 가장 중요한 핵심은 바로 '지그재그 말투'에 있습니다. 지그재그 말투는 이해를 돕기 위해 제가 직관적으로 붙인 이름인데요. 어렵게 생각할 거 없습니다. 말 그대로 글자마다 음의 높낮이가 오르락내리락하며 지그재그처럼 요동치는 말투를 말합니다.

젊＼은／ 패기＼로／ 신속／ 정확한／
정보를／ 전＼달／한＼다／
안＼녕／하세＼요／ 인턴기＼자／ 입니다／

위의 예시처럼 음이 위아래로 요동치길 반복하면서 파도처럼 출렁이는 느낌을 주는 거죠. 지그재그 말투를 사용하면 어른스럽고 고급스러운 이미지와는 거리가 먼 애 같은 말투가 되는 겁니다. 그런데 자신이 이렇게 출렁이며 말하고 있다는 걸 의식하지 못한 채 사용하고 있는 분들이 많습니다. 특히 발표와 같이 긴장되는 공적인 말하기 상황에서는 그 음의 높낮이가 더 커지는 경우가 많은데요. 음이 출렁이는 폭이 커질수록, 더 애 같은 말투에 가까워집니다. 그래서 평상시엔 자연스럽게 말하던 사람도 긴장하면 지그재그 말투가 나오는 경우가 많습니다.

특히 말하는 동안에는 내가 어떻게 말하는지 의식하기가 어려운데요. 한번 휴대폰 녹음기를 틀고 위 대사를 녹음해 보세요. 내가 지그재그 말투를 쓰고 있는지 제삼

자의 입장에서 자세히 들어보는 거예요. 녹음기는 날것의 목소리를 들려주기 때문에 처음에는 내 목소리가 어색하고 부끄럽게 느껴질 수도 있어요. 심지어는 오글거려서 듣기 힘들다는 분들도 종종 있는데요. 자신의 목소리가 처음에는 충격적이겠지만 녹음기에서 나오는 소리가 바로 다른 사람들이 듣는 내 목소리입니다. 그러니 이 책을 읽는 동안만큼은 어색하더라도 피하지 말고 꼭 자신의 녹음된 목소리와 말투를 귀 기울여 들어봅시다.

이 책을 다 읽고 난 뒤 다시 한번 위 대사를 똑같이 녹음해서 지금 녹음한 음성과 비교해 보세요. 완전히 달라진 말투를 발견하는 재미가 있을 거예요.

애 같은 말투의 정점,
상승조와 어미 끌기

애 같은 말투의 가장 대표적인 특징인 지그재그 말투. 그런데 이 지그재그 말투를 더 드라마틱하게 애 같은 말투로 굳히는 습관이 있습니다. 바로 '끝음을 올리는 습관'입니다. 전문적으로는 '상승조'가 많다고도 표현하는데요. 이해를 돕기 위해 두 가지 지그재그를 살펴보겠습니다.

하나는 끝부분이 내려가며 끝나는 지그재그이고, 다른 하나는 끝부분이 올라가면서 끝나는 지그재그입니다. 그림으로 한번 볼까요?

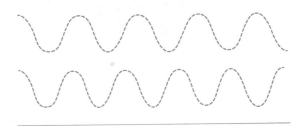

둘 다 지그재그이지만, 어떤 게 더 출렁임이 크게 느껴지시나요? 끝부분이 올라간 상태에서 끝나는 경우가 더 출렁이는 느낌일 겁니다. 이 출렁임은 말할 때 음의 높낮이에서 그 차이가 더 크게 느껴지는데요. 같은 지그재그 말투라도 끝음이 내려가면서 마무리되면 그나마 정돈된 느낌을 줄 수 있습니다. 하지만 끝음마저 올라가는, 이른바 '상승조'로 마무리되는 경우 전반적으로 더 출렁이고 아이 같은 느낌을 줍니다. 이렇듯 상승조는 애 같은 말투를 만드는 가장 치명적인 습관입니다. 가끔 원할 때만 사용할 수 있다면 어조에 다채로움을 더하는 무기가 될 수도 있습니다. 하지만 대부분은 이 상승조를 습관적으로 남발하기 때문에 문제가 생기는 겁니다. 앞서 살펴본 주현영 기자의 말투를 다시 살펴볼게요.

젊＼은／ 패기＼로／ 신속／ 정확한／
정보를／ 전＼달／한＼다／
안＼녕／하세＼요／ 인턴기＼자／입니다／

지그재그도 지그재그지만, '은／, 로／, 한／, 를／, 다／, 요／" 이렇게 끝음이 전부 올라가죠. 어미나 조사에서 상승조가 남발된다고도 할 수 있는데요. 바로 이 부분이 애 같은 말투를 만드는 핵심적인 요소입니다. 놀라운 점은 이렇게 끝음이 다 올라가는 습관이 있다는 걸 스스로는 거의 모른다는 거예요. 사실 아나운서가 아닌 이상 내가 말할 때 끝음이 올라가는지, 내려가는지를 생각할 일이 없기도 하고요. 이번 기회에 자신의 녹음본을 들어보며 내 끝음은 어떤지 점검해 보세요. 제가 가르쳐본 경험으로는 애 같은 말투를 지닌 분들의 90퍼센트 이상이 이 끝음을 올리는 '쪼'를 가지고 있습니다.

이와 같은 상승조를 고치는 건 애 같은 말투를 교정

하는 데 가장 중요한 부분입니다. 이해를 돕기 위해 예시를 하나 더 들어볼게요. 초등학교 시절 국어책을 다 같이 소리 내 읽던 경험, 모두 있으실 겁니다. 이때 읽는 방법을 서로 약속한 것도 아닌데 참 신기하게 같은 리듬감, 같은 출렁임으로 다들 똑같이 읽곤 했는데요. 기억나시나요?

철수가↗ 영희의↗
책을↗ 읽었↗습니↘다↗

이렇게 말이죠. 꼭 약속이라도 한 듯 지그재그 말투로, 끝음은 꼭 올려서 읽었습니다. 신기하죠? 지그재그와 상승조는 말할 때 무의식 상태에서 나오는 기본값인가 봅니다. 문제는 이 말투의 느낌이 어른이 되어서도 남아 있다는 거예요. 초등학교 시절 국어책 읽을 때처럼 과장되게 출렁이지는 않더라도, 끝음이 상승하는 방식으로 묻어나오는 겁니다. 다음 예시를 한번 볼까요?

안녕하세요↗ 오늘↗ 발표를 맡은↗
김채린입니다↗

이렇게 지그재그 말투에 상승조를 더한 뒤 마지막으로 애 같은 말투를 완벽하게 완성하는 요소가 하나 있는데요. 바로 '어미 끌기'입니다. 지그재그로 출렁이면서 끝음은 올라가고, 그 끝음을 길게 끌기까지 한다면 그야말로 완벽한 세트가 되는 거죠. 끝음을 올리더라도 짧게 끊어 올리는 것보다 길게 끌어 올릴 때 더 강조되니까요.

안녕하세요오~↗ 오느을~↗
발표를 맡으은~↗ 김채린입니다아~↗

지금까지 애 같은 말투를 만드는 3종 세트, 지그재그 말투, 상승조, 어미 끌기를 알아봤는데요. 문제가 뭔지는

알겠는데 이걸 어떻게 고치면 되냐고요? 이제부터 애 같
은 말투에서 벗어날 수 있는 해결책을 알려드리겠습니다.

어른 말투는
평조에서 시작된다

음을 처리하는 방식에는 크게 세 가지가 있습니다. 상승조, 하강조 그리고 평조입니다. 상승조는 앞서 배웠듯이 끝음을 '올려서' 처리하는 방법이죠. 그렇다면 하강조는 당연히 '내려서' 처리하는 방법이겠죠? 남은 '평조'는 무엇일까요? 바로 음을 크게 내리지도, 올리지도 않고 평평하게 펴주는 걸 말합니다. 다리미질하듯이 구불구불 구겨진 음을 평조라는 다리미로 쭉 펴주는 거예요. 너무 올라가거나 꺼진 부분 없이 정돈해 주는 거죠.

아나운서가 진행하는 뉴스를 들어보면 우리의 평소 말투와 가장 차별화되는 특징이 바로 이 평조입니다. 음이 평탄하게 이어지기 때문에 크게 귀에 거슬리는 소리가 없죠. 오래 들어도 귀가 불편하지 않고 차분하게 느껴집니다. 또 아나운서 말투 특유의 신뢰감과 어른스러움, 심지어는 고급스러움까지 만들어주는 게 이 평조의 힘입니다. 아나운서 학원에서 첫날부터 배우는 가장 기초적인 부분도 바로 평조인데요. 우리가 아나운서가 될 건 아니지만, 이 평조만 알아두면 어른스러운 말투 만들기가 훨씬 쉬워진답니다.

그런데 '왜 평조는 고급스럽고, 지그재그 말투는 유치하게 느껴지는 걸까?' 궁금하신 분들도 계실 텐데요. 옷 입는 것에 대입해 보면 이해하기 쉽습니다. 알록달록한 색깔과 출렁이는 프릴이 많은 옷은 귀엽고 발랄한 느낌을 주는 반면 무채색에 직선으로 툭 떨어지는 옷은 세련되고 단정한 느낌을 주죠. 말투가 만들어내는 이미지도 옷을 입는 것과 같아요. 음의 높낮이가 크고 출렁일수록 귀여운 느낌을 낼 수는 있겠지만, 정돈되고 세련된 인상을 주기는 어렵습니다. 짧은 한두 마디라면 조금 출렁이더라도 괜찮을 수 있어요. 하지만 지그재그 말투가 몇 분

이상 이어지면 듣는 사람은 금세 질리고 피로감을 느끼게 되죠.

물론 아무런 포인트가 없는 무채색 옷은 지루하게 느껴질 수도 있어요. 그럴 때 액세서리로 포인트를 주는 것처럼 말할 때도 중요한 부분에서는 강조도 해주고, 가끔은 상승조를 줄 필요도 있습니다. 세련된 느낌을 깨지 않는 선에서 포인트만 주는 거예요. 하지만 처음부터 끝까지 음이 출렁이는 습관이 있다는 건 모든 부분에 포인트를 주는 것과 같습니다. 마치 헤어밴드, 귀걸이, 목걸이, 반지, 팔찌, 발찌까지 온몸에 주렁주렁 액세서리를 달고 있는 것과 같은 느낌이죠. 산만하고 촌스러운 이미지가 바로 그려지지 않나요? 매력은 절제에서 나오는 법이죠. 말투에서도 절제된 아름다움이 있어야 어른스럽고 귀티가 납니다. 어때요? 왜 지그재그 말투가 아닌 평조 사용을 더 추천하는지 감이 오시나요?

평조를 써야 하는 이유를 알았으니 이제 말투에 적용해 보겠습니다. 상승조는 '↗', 평조는 '→', 하강조는 '↘'로 표시했으니 표시를 보면서 따라 읽고 들어보세요.

젊은→ 패기로→ 신속→ 정확한→

정보를→ 전달한다→

안→녕→하→세→요→ 인턴기→자→ 입니다→

이렇게 상승조는 줄이고, 평조로 만들어주는 거예요. 출렁이던 음을 깨끗하게 다리미질해 주는 것처럼 말이죠.

안녕하세요→ 오늘→ 발표를→

맡은→ 김채린입니다→

이때 평조의 역할이 하나 더 있는데요. 바로 '연결되는 느낌'을 주는 겁니다. 갑작스럽게 음을 확 올리거나 내리면 말이 뚝뚝 끊기고, 끝나는 느낌을 주는데요. 평조는 계속해서 말이 이어지는 연결된 느낌을 줍니다. 그런데 문장이 정말 끝난 부분에서도 평조를 쓴다면 조금 어색하겠죠? 뒤에 말이 계속 나올 줄 알았는데 갑작스럽게 끝나 버리니까요. 이때 필요한 것이 바로 '하강조'입니다. 자, 말이 끝나는 부분에서 하강조를 한번 섞어볼게요.

젊은→ 패기로→ 신속→ 정확한→
정보를→ 전달한다↘
안→녕→하→세→요↘ 인턴기→자→입니다↘

이렇게 평조와 하강조를 적절히 사용해 주고, 상승조는 최대한 빼는 것이 어른스러운 말투 만들기의 시작입니다. 물론 상승조를 아예 사용하지 않는 것은 아니에요. 앞서 언급했듯이 아나운서들도 다채로움을 더하기 위해 혹은 강조하기 위해 액세서리처럼 상승조를 사용한답니다. 하지만 언제까지나 상승조는 '기본값'이 아닌 '액세서리'라는 점을 기억해 주세요. 그래서 처음에는 아예 상승조를 없앤다는 생각으로 모두 평조 혹은 모두 하강조로

┌── 애 같은 말투 10분 만에 고치는 법

처리해 주는 연습부터 시작하는 게 좋습니다. 다리미질이 어느 정도 끝난 뒤에 상승조를 더해주는 방법은 뒤에서 다시 알려드릴게요.

　이렇게 상승조는 하나도 없이 평조와 하강조만 가득한 말투를 연습하기 시작하면 곧 난관을 만나게 될 거예요. 왠지 말투가 로봇 같고 AI처럼 딱딱하게 느껴지고, 부자연스럽고 어색하게 느껴질 거예요. 이 난관을 마주쳤다면 먼저 스스로에게 박수를 쳐주세요. 잘 따라오고 있다는 증거니까요. 여기까지 왔다면 어른스러운 말투의 70퍼센트는 성공한 겁니다. 시작 단계에서 우리의 목표는 자연스러운 말하기가 아니에요. 완벽한 평조를 만들기 전까지는 출렁임 없이 아주 일정한 음을 만드는 AI에 빙의하는 것이 목표인 거죠.
　평생 출렁이는 말투로 살아왔다는 건 주름진 도화지에 그림을 그리고 있던 것과 같아요. 어떤 그림을 그려도 지저분하게 정돈되지 않은 느낌이었을 거예요. 그런데 평조와 하강조로 도화지를 쫙쫙 펴주니 이제야 하얗고 깨끗한 도화지가 된 거예요. 이 하얀 도화지가 어색할 수는 있지만 앞으로 언제든 내가 원하는 그림을 추가할 수 있는 밑바탕이 될 수 있는 겁니다. 이 밑바탕을 만들어둔 다음 평조의 세련됨은 유지하면서 내가 칠하고 싶은 색깔을 조금씩 칠해가면 됩니다. 그러니 다소 딱딱하게 느껴지더라도 '이제 내가 드디어 말투를 바꿀 준비가 다 됐구나' 하며 스스로를 칭찬해 주세요.

그런데 아무리 연습해도 상승조가 남아 있을 수 있어요. 분명 나는 완벽히 평조, 하강조만 썼다고 생각했는데 막상 녹음본을 들어보면 여전히 남아 있는 상승조가 들릴 거예요. 요즘 대부분의 말투에는 상승조가 이미 기본값처럼 배어 있어서 나름 평조를 만들었다고 생각해도 자신도 모르게 상승조가 툭툭 튀어나오는 거죠. 지그재그 말투는 덤이고요. 괜찮아요. 아주 당연한 겁니다. 우리는 최소 몇십 년 이상을 지그재그와 상승조 말투로 살아왔으니까요.

그러니 더더욱 상승조를 아예 0으로 만든다는 생각으로 연습하는 것이 중요합니다. 더 과장되게 평조와 하강조로 바꿔주는 연습이 필요해요. 그래야만 녹음본을 들었을 때 어느 정도 평조가 잡히는 것같이 들릴 테니까요.

잊지 마세요. 가장 좋은 연습법은 한 문장, 두 문장씩 짧게 녹음해서 듣고 하나씩 고쳐나가는 겁니다. '방금 끝 음을 완전히 내렸다고 생각했는데 여전히 올라가 있네? 그럼 이번에 녹음할 때는 더 내려봐야겠다'라고 생각하 며 하나씩 교정해 나가는 겁니다.

모든 걸 해결하는 슈퍼 파워, 앞강세

앞서 평조를 연습해 봤는데요. 어떠신가요? 생각보다 쉽지 않았을 겁니다. 평생 배어 있던 말 습관을 하루아침에 고치는 건 당연히 어려운 일입니다. 그래서 이번에는 이 모든 걸 한 번에 해결할 수 있는 지름길을 알려드리려고 합니다. 애 같은 말투를 한 번에 고칠 수 있는 치트키는 바로 '앞강세'입니다. 쉽게 말해 말의 앞부분에 힘을 주는 건데요. 앞강세는 애 같은 말투 3종 세트를 한 번에 바로 잡고, 평조를 만드는 데도 가장 유용한 방법이니 꼭 활용해 보시기 바랍니다.

우선 애 같은 말투 3종 세트를 다시 떠올려 볼까요?

지그재그, 상승조 그리고 어미 끌기, 이렇게 세 가지입니다. 그중 끝음을 올리거나 끌게 되는 이유는 끝부분에 힘이 들어가기 때문입니다.

젊＼은／ 패기＼로／ 신속／ 정확한／
정보를／ 전＼달／한＼다／
안＼녕／하세＼요／ 인턴기＼자／ 입니다／

여기에서 '은, 로, 한, 를, 다, 요'와 같은 부분에 힘이 들어가면서 음을 올리고 끌게 되는 거예요. 힘이 없다면 인위적으로 음을 올리거나 끄는 건 불가능하니까요. 해결 방법도 바로 여기에 있습니다. 바로 끝부분에 힘을 빼면 됩니다. 그런데 말로는 참 쉬운데, 끝부분에 힘을 뺀다는 게 마음처럼 쉽게 되지 않을 거예요. 그래서 앞강세 연습을 추천하는 겁니다.

뒤에 힘을 빼는 게 어렵다면 반대로 앞에 힘을 줘버리면 됩니다. 앞에 힘을 주면 상대적으로 뒤에서는 힘이 빠지게 되니 음을 올리거나 끄는 버릇을 없애기 쉬워지는 거죠. 그래서 우리는 아래 예문처럼 느낌표가 붙은 첫 글자에 힘을 주는 앞강세 연습을 해볼 거예요.

젊!은 패!기로 신!속 정확한
정!보를 전!달한다.
안!녕하세요 인!턴기자입니다.

어떤가요? 상대적으로 뒷부분에서는 힘이 빠지니 애 같은 말투 3종 세트를 없애기에 더 편하지 않나요? 한 번 더 연습해 볼게요.

철!수가 영!희의 책!을 읽!었습니다.
안!녕하세요 오!늘 발!표를 맡은
김!채린입니다.

강세를 준다는 건 강하게 힘을 준다는 뜻입니다. 그런데 간혹 강하게 읽으려고 하니 발음을 너무 세게 해서 부자연스러운 경우가 있는데요. 그 이유는 자음을 강하게 읽어서 그렇습니다. 예를 들어 '철!수가'에서 'ㅊ'을 강하게 하니 앞사람에게 침이 튈 것처럼 세고 어색한 느낌이 드는 거죠. 이럴 땐 모음을 강조해서 밀어준다고 생각하면 자연스러워집니다. '철!수가'에서 첫 자음 'ㅊ'을 강하게 하는 게 아니라, 첫 모음 'ㅓ'에 힘을 주고 밀어준다는 느낌에 집중해 보세요. 부드럽고 더 세련되게 앞강세를 줄 수 있습니다.

이제 앞강세를 줘야 하는 이유도 알았고, 원리도 이해했는데 생각보다 입이 따라주지 않을 수 있습니다. 이렇게 머리랑 입이 따로 놀 때는 몸을 같이 사용해 주면 훨씬 효과적입니다. 손이나 발을 이용해서 더 편하게 앞강세를 연습하는 방법을 알려드릴게요. 힘을 줘야 하는 첫 글자에서 손으로 박수를 치거나 발을 '쿵!' 하고 구르는 겁니다.

[짝! = 박수]

철(짝!)수가 영(짝!)희의 책(짝!)을 읽(짝!)었습니다

[쿵! = 발을 구르는 부분]

철(쿵!)수가 영(쿵!)희의 책(쿵!)을 읽(쿵!)었습니다

이렇게 손과 발을 함께 사용해서 힘을 주면 더 쉽게
앞강세를 연습해 볼 수 있습니다.

장음 처리,
고급스러운 이미지를 위한 치트키

분명 정확히 발음한 것 같은데 왠지 모르게 발음이 새는 단어들이 있습니다. '나는 원래 이 발음이 잘 안돼'라고 생각하고 대수롭지 않게 넘겼을 수도 있는데요. 사실 그 비밀은 '장음'에 있습니다.

장음은 '장(長)'의 한자 뜻처럼, 말 그대로 길게 소리를 내는 것입니다. 이와 반대되는 개념으로는 짧게 소리를 내는 '단(短)음'이 있지요. 장음과 단음이라는 생소한 용어가 나와 지루하게 느껴지실 수 있는데요. 전혀 어려워하실 거 없습니다. 그냥 '좀 더 길게 발음해야 소리가 잘 나는 단어가 따로 있구나' 정도로만 이해해도 충분하니까요.

'눈(eye)'과 '눈(snow)'처럼 뜻을 구분하기 위해 장음이 되는 단어도 있지만, 일반적으로는 길게 발음해야 제대로 발음이 되기 때문에 장음이라고 생각하면 편합니다. 그러니 아무리 발음을 열심히 해도 왠지 모르게 자꾸 발음이 새는 듯한 느낌이 난다면 장음일 수도 있으니 조금 길게 밀어서 발음해 보면 되는 겁니다.

장음은 국어사전에 단어를 검색했을 때, 발음 기호에 '대:통령'처럼 콜론(:)으로 표시되어 있습니다. 대표적인 장음은 '대통령, 경찰, 최고, 최초, 말하다' 등이 있습니다. 아나운서들은 자주 쓰는 단어들은 전부 외우기도 하고, 필요할 때마다 사전을 검색해 보면서 장음인지 아닌지를 확인하고 말하기도 하는데요. 하지만 우리는 아나운서가 되려고 이 책을 읽는 것이 아니니 장음을 전부 외우거나 하나하나 찾아볼 필요는 전혀 없습니다. 그저 장음의 개념을 이해하고, 그 특성을 쉽게 발음하는 데에 영리하게 이용하기만 하면 되는 겁니다.

장음인지 아닌지는 정확히 모르겠는데 왠지 발음이 샐 것 같은 단어가 있다면 그냥 장음으로 처리하면 됩니다. 이렇게 이야기하면 아나운서 선배님들이나 국어 선

애 같은 말투 10분 만에 고치는 법

생님들께서는 부정확한 말하기를 가르친다고 학을 떼실지도 모르겠습니다. 하지만 일반인 분들이 장음을 전부 외우거나 매번 하나씩 찾아보는 것은 사실 불필요한 수고에 해당하기 때문에 다소 부정확하더라도 그 특성을 이용해 발음을 정확히 할 수 있다면 실용적인 방법 아닐까요?

예를 들어보겠습니다. '시작'은 장음입니다. 평소 다른 단어를 발음할 때처럼 짧게 발음하면 혀 짧은 소리가 납니다. 이런 발음을 '시:작'으로 장음 처리해 길게 발음하면 됩니다. 정확히는 '시'의 모음인 'ㅣ'를 좀 더 밀어주듯이 길게 발음하는 겁니다. '시이작' 이렇게 말이죠. 살짝만 길게 밀어줘도 훨씬 명확한 발음이 가능할 겁니다. 한번 들어볼까요?

[모음 'ㅣ' 길게 발음하기]

시:작

이때 좀 더 고급스러운 느낌을 더하고 싶다면 장음의 특성을 하나 더 이용하면 됩니다. 장음은 단순히 글자를 길게만 발음하는 게 아니라, 음을 낮춰서 발음하기도 합니다. 이를 적용해 '시:작'에서 '시'의 음을 살짝 낮게 하는 거죠. 훨씬 고급스럽고 품격 있는 발음이 가능해집니다. 다시 한번 들어볼까요?

['시'의 음 살짝 낮추기]

시:작

앞서 장음을 굳이 외울 필요는 없다고 말씀드렸는데요. 이왕 책을 읽는 김에 기억해 두면 자주 써먹을 수 있는 장음 단어 몇 가지만 알려드릴게요.

[숫자 장음]

이:, 사:, 오:, 만:, 둘:, 셋:, 넷:, 열:, 쉰:, 만:,

수:십억

[한글 장음]

한:국, 시:작, 경찰:, 최:고, 사:고, 사:건,

경:고, 말:하다, 대:통령

외울 필요는 없지만, 장음을 살려 한 번씩 읽어보며 입
에 익혀두면 발음을 명확히 하는 데 큰 도움이 될 거예요.

발표 고수로 만들어주는
구어체 활용법

면접을 대비해 자기소개, IR 피칭과 같은 발표 준비를 코칭해 준 적이 종종 있는데요. 그때마다 발견하는 공통점이 있습니다. 발표에 대한 고민을 털어놓거나 사담을 나눌 때는 굉장히 자연스럽고, 성숙하게 잘 이야기하다가도 "이제 준비해 온 걸 보여주세요" 하고 나면 갑자기 다른 사람처럼 변하는 거예요. 발표 상황이라는 긴장감 때문일 수도 있겠지만, 대부분 문제는 '대본 말투'에 있었습니다.

우리는 평상시 구어체를 사용해 말합니다. 구어체란

쉽게 말해 일상적으로 대화할 때 쓰는 말투라고 생각하시면 됩니다. 구어체는 대부분 '~요'로 끝나죠. 하지만 유독 대본을 작성할 때는 문어체를 사용해 작성하는 분들이 많습니다. 대본을 글로써 잘 쓰는 데 집중하다 보니 막상 말로 옮길 때는 불편하고 어색한 거죠.

어쩔 수 없이 문어체로 쓰인 글을 읽어야 하는 상황이라면 선택권이 없겠지만, 직접 글을 준비하는 상황에서는 구어체를 섞어 쓰는 걸 추천합니다. 그래야 자연스러운 말투가 나올 수 있으니까요. 평상시에는 말로 내뱉을 일이 잘 없는 문어체를 사용하다 보면 그렇지 않아도 모든 게 낯설고 긴장되는 발표 상황에서 더 어색하고 뚝딱거리게 될 수밖에 없는 거죠. 문어체는 원래 읽고 쓰기 위한 말투이지, 입으로 내뱉기 위한 말투가 아니니까요.

이렇게 어색한 문어체를 쓰다 보면 평상시에 상승조를 쓰지 않던 분들, 지그재그 말투가 없던 분들도 애 같은 말투가 튀어나오곤 합니다. 이를 최소화하기 위해 발표용 대본을 쓸 때는 '좋은 글'이 아닌 '좋은 말'로 나올 수 있는지, 충분히 읽기에 편안하고 내 말투에 익숙한지 점검하는 습관이 필요합니다. 그럼, 사람들이 평소 자주 사용하는 문어체와 이를 구어체로 어떻게 바꾸면 좋을지 예시를 보여드릴게요.

문어체	구어체
구어체입니다	구어쳅니다
하였습니다	했습니다
~하여	~해
~로 인하여	~로 인해
~되어	~돼
아나운서가 되어서	아나운서가 돼서
생각되어	생각돼

특히 자신의 이름을 소개할 때 좋은 팁이 있는데요. 이름이 '김민수'라면, "안녕하세요, 김민수입니다"라고 문어체를 쓰는 대신, "안녕하세요, 김민숩니다"로 바꿔주는 거예요. 평소 우리는 "김민수입니다"보다는 "김민숩니다"

라고 줄여 말하는 게 입에 배어 있는데, 유독 대본을 보며 말할 때만 "김민수입니다"로 내뱉게 되죠. 이렇게 하면 말투도 어색해질 뿐 아니라 긴장한 티가 날 수 있으니 주의해 주세요. 하지만 제 이름처럼 끝 글자에 받침이 있는 상태라면 그대로 해주시면 됩니다. '김채린입니다'에서 더 줄일 수 없으니까요!

이에 더해 '~습니다'와 '~요' 체를 섞어서 사용하면 훨씬 더 자연스러워지는데요. 매번 '~습니다'로 끝맺음하면 반복되는 느낌이 나서 지루하게 들릴 수 있습니다. 물론 스피치 실력이 좋아서 다양한 리듬감과 높낮이로 변주해서 처리할 수 있다면 상관없겠지만, 그게 아니라면 글을 쓸 때부터 아예 '~요' 체를 섞어서 작성하면 훨씬 편합니다. 예를 들어볼게요.

안녕하세요. 김채린입니다.
저는 아나운서로 활동하고 있습니다.
아나운서가 제 오랜 꿈이었기 때문입니다.

위 문장을 한번 소리 내어 읽어보실래요? 아마 똑같은 리듬으로 끝나는 종결어미의 반복 때문에 국어책 읽는 듯한 부자연스러운 느낌이 극대화될 거예요. 이 글을 다시 '~요' 체와 섞어 수정해 보겠습니다.

안녕하세요. 김채린입니다.
저는 아나운서로 활동하고 있는데요.
아나운서가 제 오랜 꿈이었기 때문입니다.

중간에 '있습니다'를 '있는데요'로, 세 글자만 바꿨을 뿐인데도 말의 리듬이 다채로워지고, 말의 맛이 더 살아납니다. 대본을 쓸 때 말로 옮기기에 편한 구어체를 적절히 사용해 작성하면 발표에 훨씬 유리하다는 점, 꼭 기억해 주세요. 똑같이 반복되는 종결어미도 지루하지 않게 처리할 수 있는 스피치 꿀팁은 뒤에서 다시 전수해 드리겠습니다.

참고로 이렇게 '~요'로 끝나는 원고를 더 어려워하는 분들이 있는데요. 그건 '~요'에서 모음 'ㅛ'를 너무 정직하게 처리해서 그렇습니다. 입 모양을 옹졸하게 모아 발음하는 'ㅛ'를 너무 정직하게 읽게 되면 더 어색해질 수 있어요. 자신의 '요' 발음이 부자연스럽게 느껴진다면 '요'보다는 '여'에 가까운 느낌으로 처리해 봅시다. 평소에 우리는 '~했어요'라고 말할 때 정직하게 '요'로 발음하지 않으니까요. 맞춤법을 지키기 위해 글에서는 '요'로 쓴다고 해도, 읽을 땐 '요'와 '여' 발음의 사이, 혹은 '여'에 더 가까운 느낌으로 내뱉는다고 생각하면 훨씬 자연스러울 거예요.

　비슷한 맥락에서 '~했고요'에서는 '고'도 '구'로 바꿔 발음하면 평상시 말투에 더 가까워집니다. '했구여'처럼 발음하는 거죠. 'ㅗ'와 'ㅛ' 모음보다는 'ㅜ'와 'ㅕ' 모음이 입도 더 크게 벌리고, 더 대범하게 발음할 수 있기 때문에 소심하게 입을 벌려야 하는 '고요' 발음보다 더 편할 수 있답니다.

　평상시엔 말도 잘하고 말투도 어른스러운 편인데, 유

독 외워 온 대본을 준비해 발표하는 자리에서만 말투가 어색해지는 분이라면 위의 방법들을 꼭 활용해 보세요.

CHAPTER 2

순식간에
이미지가
달라지는
발성법

뾰족하고 날카로운 소리,
듣기 좋게 바꾸는 법

'공기 반 소리 반'이라는 말, 들어보셨죠? 이 말은 즉 복식호흡을 하라는 이야기입니다. 가수나 연기자들이 복식호흡을 하면서 발성이 달라졌다는 이야기 많이 들어보셨을 거예요. 하지만 일반인인 내가 굳이 복식호흡을 해야 하나 싶기도 하고, 쉽게 따라 하기 어려워 시도해 보려다 말았던 분들도 많으실 텐데요. 복식호흡은 가수나 배우뿐만 아니라 우리 모두에게 꼭 필요한 무기랍니다! 말투와 목소리는 직장에서나 일상에서 나의 이미지를 결정하는 가장 중요한 요소이니까요.

발성은 단순히 이미지에만 영향을 미치는 게 아닙니

다. 조금만 오래 말해도 목이 아프거나 갈라지고, 심지어는 목이 나가 목소리가 나오지 않았던 적, 누구나 한 번씩 경험해 봤을 거예요. 이렇게 목에 무리가 가는 이유는 바로 잘못된 발성법으로 말하고 있기 때문입니다. 오래 말해도 목이 편안하려면 나에게 맞는 보이스톤과 발성 방법을 체화해야 합니다. 그래서 이번 챕터에서는 우리가 평소에 사용하는 '흉식호흡'과 '복식호흡'의 차이를 비교하고, 목이 자주 쉬는 분들을 위한 발성 방법을 알려드리려고 합니다.

대부분 자신이 가지고 태어난 '진짜 목소리'보다 더 높고 얇은 목소리로 이야기하는 경향이 있는데요. 제대로 된 발성 방법만 체득해도 살면서 한 번도 들어보지 못한 나만의 보이스톤을 찾을 수 있으니 기대하셔도 좋습니다. 발성법을 익히고 나면 '내 목소리가 이렇게 좋았단 말이야?' 하는 놀랍고 즐거운 발견도 하게 될 테니 잘 따라와 주세요. 또한 녹음기를 통해 들어야 평소 자신이 말하는 말투와 목소리가 어떤지 확실하게 들을 수 있으니 꼭 녹음해서 들어보는 걸 추천합니다.

우선 복식호흡과 흉식호흡을 비교해 보겠습니다. 쉽게 말해 복식호흡은 '배'의 힘을 이용해 소리를 내는 방법입니다. 반면 흉식호흡은 '가슴'을 들썩이며 소리를 내는 방법입니다. 소리를 내기 위해 활용하는 위치가 다르니 당연히 소리의 결괏값도 다르게 나오겠죠.

쉽게 설명하면, 호흡할 때 '공기 알갱이'를 들이마신 뒤 한마디 할 때마다 공기 알갱이를 하나씩 뱉어낸다고 상상해 보세요. 배의 힘을 이용해 소리를 내기 위해서는 호흡을 통해 공기 알갱이를 들이마신 다음, 배에 공기 알갱이들을 저장해야 합니다. 그리고 한 호흡씩 말을 뱉어낼 때마다 저장해 둔 공기 알갱이를 배에서 끌어 올려 하나씩 사용해 주는 거죠. 흉식호흡은 이 공기 알갱이들을 배가 아니라 가슴에 저장해 놨다가 꺼내 쓰는 방법입니다. 공기 알갱이가 배까지 내려갔다 나올 때보다 훨씬 짧은 길을 오고 가는 거죠.

짧은 길을 빠르게 오고 가야 하는 공기 알갱이들은 더 바쁘게 움직여야 하니 안정적이고 일정한 호흡이 나오기 어렵겠죠? 또 배에 비해 저장해 둘 수 있는 공기 알갱이의 양도 적다 보니 풍부한 공기의 울림을 주기 어렵습니다.

이러한 공기의 울림을 전문 용어로 '공명감'이라고도 하는데요. 소리는 결국 공기가 진동하면서 나는 것입니다. 이때 더 넓은 공간에서 충분히 진동을 해야 공명감이 생기는 거죠.

배에는 공기가 울리면서 소리를 낼 수 있는 충분한 공간이 있습니다. 그래서 복식호흡은 배에서부터 올라오는 묵직한 공기 알갱이의 힘을 받아 둥둥둥 울리는 풍부한 소리가 납니다. 더 낮고 굵은, 안정된 소리로 들리죠. 반면 가슴에는 공간이 부족해 흉식호흡으로 말하면 얇고 높은 소리가 나올 수밖에 없습니다. 오래 듣기에 어떤 소리가 더 편안한 소리일까요?

복식호흡과는 다른 흉식호흡의 특징이 또 하나 있습니다. 오가는 통로가 짧아 숨을 들이마실 때마다 '하' 소리가 크게 들린다는 건데요. 이 소리가 심해지면 헐떡이면서 말하는 것처럼 들리기도 합니다. 전반적으로 긴장되고 불안정하다는 인상을 주게 되죠. 내 목소리를 녹음해서 들어봤을 때 문장과 문장 사이에서 숨을 '하' 하고 들이마시는 소리가 너무 크게 나서 조급하게 느껴진다면 흉식호흡이 원인일 수 있습니다. 물론 문장 사이 간격이 너무 짧아 숨쉴 시간이 부족한 것도 함께 교정해 주면 좋지만요.

흉식호흡과 복식호흡은 겉모습만으로도 구분이 가능합니다. 공기 알갱이가 드나드는 통로는 겉보기에도 들썩일 수밖에 없겠죠? 이때 복식호흡을 활용하는 사람들은 배가 들어갔다 나왔다 하지만, 흉식호흡을 쓰는 사람들은 어깨와 가슴이 빠르게 들썩입니다. 전반적으로 몸에 잔 움직임이 많아져 불안정해 보이기도 하죠. 평상시에는 괜찮다가도 면접이나 발표 등 긴장된 상황으로 호흡이 가빠지면 그 부작용이 더 크게 나타나기도 합니다.

애 같은 말투를 지닌 사람들은 대부분 상체 힘으로 소리를 냅니다. 가슴에 공기 알갱이를 저장해 흉식호흡을 하고, 그걸로는 힘이 부족하니 목에 잔뜩 힘을 주고 소리를 짜내게 되는 거죠. 잠깐은 괜찮을지 몰라도 조금만 오래 말하면 목에 굉장한 무리가 가는 방식입니다. 또 목에 힘을 주고 말하면 본연의 목소리보다 더 가늘고 높은 소리가 나올 수밖에 없습니다. 자신의 목소리가 둥근 소리인지 뾰족하고 세모난 소리인지 생각해 보면, 어떤 호흡으로 말하기를 하는지 금방 알 수 있을 거예요. 이외에도 흉식호흡을 하면 코어 힘으로 소리를 잡아주지 못하기 때문에 음이 출렁이거나 튀는 소리가 나기 쉽습니다. 앞서 애 같은 말투를 고치기 위한 제1원칙인 '평조'가 무너질 수밖에 없는 거죠.

'나는 낮고 굵은 소리보다 가늘고 높은 소리가 더 좋다'라고 생각하는 분들도 있을 거예요. 그런데 복식호흡을 해야 하는 본질적인 이유는 남들이 듣기 좋은 게 문제가 아니라 결국 말하는 '내'가 편안해야 한다는 것입니다. 이러한 관점에서 복식호흡은 아주 훌륭한 무기가 되어줍니다. 복식호흡으로 말하는 사람은 목에 힘이 덜 들어가기 때문에 오랜 시간 훨씬 편하게 말할 수 있으니까요. 교사, 상담원 등 직업 특성상 오랜 시간 말을 해야 하는 분들, 또 조금만 말해도 목이 잘 쉬거나 갈라지는 게 고민인 분들에게는 복식호흡이 해결책이 될 수 있습니다.

'몇십 년간 습관이 된 발성법을 바꿀 수 있을까?', '너무 오래 걸리거나 어렵지는 않을까?' 하며 덜컥 부담을 느끼는 분들도 계실 텐데요. 물론 100퍼센트 복식호흡을 사용하는 완벽한 발성이 되면 가장 좋겠지만, 처음부터 목표를 높게 잡을 필요는 없습니다. 지금까지 흉식호흡 100퍼센트로 말하고 있었다면, 70퍼센트, 50퍼센트로, 흉식호흡의 비율을 조금씩 줄여나갈 수만 있어도 성공입니다. 완벽에 가까운 복식호흡이 아니더라도 일상에서는 충분히 변화를 느끼실 수 있습니다. 실제로 스피치 챌린지를 운영하며 발성법을 코칭했을 때 "한 달 만에 나한테서 이렇게 좋은 목소리가 날 수 있다니, 정말 놀랐어요"라는 후기가 가장 많았습니다. 어떠신가요? 저와 함께 발성을 바꿔볼 마음의 준비가 되셨나요? 그렇다면 다음 장에서는 복식호흡의 감을 잡을 수 있는 구체적인 방법을 몇 가지 알려드리겠습니다.

풍성하고 안정된 소리를 만드는 네 가지 연습법

이제 실전입니다. 이번 챕터에서만큼은 직접 따라 해 보며 '배의 힘으로 말한다는 게 이런 느낌이구나'를 느껴 보시길 바랍니다. 처음에는 배에 힘을 준다는 게 도대체 무슨 말인지 감을 잡기가 어려우실 거예요. 지금부터 제가 알려드리는 동작을 반복해서 따라 하다 보면 내 몸이 그 느낌을 기억하게 될 겁니다. 그다음 평소 말할 때도 이 느낌을 살려 말하는 연습을 하다 보면, 어느 순간부터는 굳이 의식하지 않아도 나도 모르는 사이 복식호흡을 하고 있는 스스로를 발견하게 될 겁니다. 복식호흡을 체화하게 되는 거죠.

── 발성법 하나로 단번에 이미지가 달라진다

자, 이제 배의 힘으로 말하는 감을 익히는 1단계, 평상시에 조금만 신경 쓰고 말하면 비슷한 느낌을 낼 수 있는 2단계 그리고 체화되어 자연스럽게 나오는 3단계까지, 차근차근 함께해 봅시다!

지금부터 총 네 가지의 방법을 알려드릴 텐데요. 복식 호흡의 감을 잡기 위한 방법을 네 가지나 알려드리는 이유는 이 네 가지가 전부 필요해서가 아닙니다. 사람마다 배의 힘의 느낌이 잘 느껴지는 방법이 다 다르기 때문입니다. 그러니 네 가지 방법 중 나에게 가장 잘 맞는 방법 한두 가지를 찾아 계속해서 반복하는 것이 가장 좋습니다. 참고로 발성 연습을 할 때는 평소보다 목소리를 조금 더 크게 내주면 내가 어떤 방법과 잘 맞는지 느끼기에 좋습니다. 너무 작은 목소리로 웅얼거리며 연습하면 배에 힘이 들어가지 않고, 어떤 방법을 써도 비슷비슷하게 느껴질 수 있으니 주의해 주세요.

본격적인 연습을 시작하기 전에 주의해야 할 점이 한 가지 있습니다. "배에 힘을 준다"라고 하면 간혹 배를 수축시키며 힘을 쥐어 짜내는 경우가 있는데요. 이렇게 하면 오히려 배에서 공기가 닫힌 소리가 납니다. 배의 힘으로 말하는 건 오히려 반대입니다. 배를 바깥쪽으로 팽창시키는 느낌이 맞습니다. 뱃살을 자랑한다고 생각하고 배를 밖으로 내미는 방향으로 힘을 줘야 한다는 걸 기억하고 연습을 시작해 보겠습니다.

먼저 저에게 가장 효과가 좋았던 방법입니다. 누워서 말을 해보는 연습법인데요. 이때 몸을 180도로 완전히 눕는 것보다는 베개나 등받이를 이용해 살짝 등을 기댄 상태를 추천합니다. 완전히 누운 상태에서는 오히려 목에 힘을 더 주게 될 수도 있으니까요. 그렇다고 90도로 앉지는 말고, 약 120~150도 정도 느낌으로 몸을 조금만 기대어 눕습니다.

이 자세로 "안녕하십니까. ○○○(이름)입니다. 지금은 복식호흡을 연습하고 있습니다"라고 말해 봅시다. 이렇게 눕지도, 앉지도 않은 애매한 자세에서는 자연스럽게 배에 힘을 주고 말하게 됩니다. 이 자세에서 배의 힘이 충분히 느껴진다면 여러분에게 맞는 자세는 이 자세로 낙찰입니다! 저는 아직도 발성이 원하는 대로 나오지 않고 소리가 충분히 풍성하지 않다고 느껴지면 침대에 누워 이 자세로 목을 풀어주곤 하는데요. 만약 이 자세에서는 감이 잘 안 온다고 해도 아직 실망하기엔 이릅니다. 아직 3가지 방법이 더 남아 있으니까요!

두 번째 방법은 앉아서 하는 방법입니다. 걸터앉을 의자를 준비해 주면 좋습니다. 필라테스와 같이 배의 힘을 느끼는 운동을 해본 분들은 아시겠지만, 기본적으로 불편한 자세가 되어야 배의 힘을 느끼기 쉽습니다. 편안한 자세에서는 힘을 느끼기 어렵기 때문입니다. 그래서 의자에 앉을 때도 편하게 앉는 것이 아니라 의자 끄트머리에 대롱대롱 매달리듯 앉을 겁니다. 엉덩이를 조금만 앞으로 빼면 의자에서 떨어질 것 같은 느낌으로 걸터앉는 거예요. 이 상태에서 의자에서 떨어지지 않기 위해서는 자연스럽게 배에 힘이 들어갈 수밖에 없습니다. 이때 한 가지 알아야 할 것은, 복식호흡은 단순히 배에만 힘을 주는 것이 아닙니다. 배를 포함한 하체의 힘 전체를 이용해 힘을 끌어올린다고 생각하면 됩니다. 배와 함께 골반, 종아리, 허벅지까지의 하체 힘을 모두 느끼며 에너지를 끌어올린다는 느낌으로 자세를 잡아 주세요. 어떠신가요? 의자에 매달려 앉은 자세를 하니 자연스레 하체로 버티는 힘이 느껴지지 않나요? 배의 힘은 물론이고요. 이 상태에서 아까 연습했던 말을 다시 해보겠습니다.

마찬가지로 "안녕하십니까. ○○○(이름)입니다. 지금은 복식호흡을 연습하고 있습니다"라고 말해 봅시다. 여기서 하체 힘이 좋은 분들은 아예 의자를 치우고 투명 의자 자세로 연습해도 좋습니다. 기마 자세에서는 훨씬 더 하체의 힘을 느끼기 쉽거든요.

이렇게 불안정한 상태에서는 당연히 호흡도 가빠지고 발음도 뭉개지며, 정제된 말투가 나오기는 어려울 수 있습니다. 하지만 이번 연습은 오직 복식호흡의 감을 느끼기 위한 목적이니 다른 요소는 신경 쓰지 않아도 됩니다. 오직 배의 힘으로 말하는 게 어떤 느낌인지에만 집중해 보는 거예요.

세 번째 방법은 일어나서 한쪽 다리를 들고 말하는 방법입니다. 단순한 방법이지만 이 또한 중심을 잡기 위한 하체의 힘을 느끼기에 좋습니다. 특히 흉식호흡을 해오던 사람이라면 상체의 힘을 풀어주는 것도 중요한 부분인데요. 한쪽 다리를 들고 말하려고 하면 하체에 힘이 집중되면서 상대적으로는 상체의 힘을 빼기가 좋습니다. 만약 상체에도 긴장감이 느껴진다면 의식적으로 상체에는 힘을 툭툭 풀어주세요. 흉식은 최소화하고 배와 하체의 힘을 이용해 발성 연습을 해보는 겁니다. 물론 한쪽 다리를 들고 있으면 균형을 잡기 어렵다 보니 몸 전체가 휘청거리고 발음도 무너질 수 있어요. 하지만 이번에도 발성을 제외한 나머지 부분에 대한 부담감은 내려놓고 오로지 배의 힘을 느끼고 있는지에만 신경을 곤두세워보는 겁니다. 너무 욕심을 내서 다리를 높이 들어 올릴 필요도 없습니다. 아주 조금만 다리를 올려도 이를 버티기 위한 하체의 힘은 충분히 느낄 수 있을 거예요.

이번에도 마찬가지로 "안녕하십니까. ○○○(이름)입니다. 지금은 복식호흡을 연습하고 있습니다"라고 말해봅시다.

네 번째 방법은 폴더폰 연습법입니다. 말 그대로 몸을 폴더폰 모양으로 접어주는 건데요. 그러려면 상체는 완전히 아래로 숙이고 하체의 힘으로 버텨내야 합니다. 머리가 긴 분들은 바닥에 머리카락이 닿을 수도 있어요. 이 상태에서 앞으로 넘어지지 않도록 균형을 잡기 위해서는 하체와 배에 힘이 크게 들어가게 됩니다. 동시에 상체 힘을 풀기에도 가장 좋은 자세라고 할 수 있어요. 다른 방법들에 비해 상체 힘은 자연스럽게 풀리겠지만, 혹시나 상체가 아직도 긴장된 게 느껴진다면 마찬가지로 몸을 툭툭 풀어줘야 합니다. 상체를 털어내면서 하체의 힘에만 의지한 채 대롱대롱 매달려 있다고 생각해 주세요. 이 자세는 다른 자세에 비해 머리에 피가 쏠려서 피로도는 높지만 효과가 가장 좋다는 후기가 많은 방법이기도 합니다.

상체까지 충분히 풀어줬다면 연습해 봅시다. "안녕하십니까. ○○○(이름)입니다. 지금은 복식호흡을 연습하고 있습니다."

간혹 평소 목에 힘을 많이 주고 말하거나 흉식호흡을 많이 쓰던 분들은 폴더폰 자세를 취해도 기존의 습관이 그대로 남아 있을 수 있습니다. 평상시 말할 때와 폴더폰

자세의 차이가 잘 느껴지지 않는다면 평소 말할 때 긴장
감이 큰 편이라고 자가 진단해 볼 수 있습니다. 그럴수록
더 의식적으로 상체와 목에는 힘을 툭 풀어주려고 노력
해야 합니다. 무게 중심은 반드시 배와 엉덩이, 허벅지로
옮겨주세요. 발로 땅을 밀어내는 힘이 느껴진다면 잘 따
라오고 계신 겁니다.

나만의
퍼스널 보이스톤 찾기

한동안 퍼스널 컬러 열풍이 불었는데요. 퍼스널 컬러는 여전히 많은 사람에게 MBTI처럼 자신의 특성을 이해하고, 그에 맞춰 자신을 가꾸는 데 유용한 요소로 활용되고 있습니다. 저 또한 퍼스널 컬러에 과몰입하는 사람으로서 퍼스널 컬러를 찾기 전과 후, 많은 의사결정을 간소화시킬 수 있었는데요. 저처럼 퍼스널 컬러나 MBTI와 같이 자신의 특성을 이해하는 일에 진심인 사람이라면 꼭 해야 할 테스트가 하나 더 있습니다. 바로 '퍼스널 보이스톤' 진단입니다.

비용과 시간이 필요한 퍼스널 컬러 진단과 달리 퍼스

널 보이스톤 진단은 훨씬 쉽습니다. 비용도 들지 않고, 소리를 편하게 낼 수 있는 곳이라면 어디에서든 가능하니까요. 쉽고 편하게 나의 퍼스널 보이스톤을 찾을 수 있고, 한번 찾으면 앞으로 평생 써먹을 수 있다니, 하지 않을 이유가 없지 않나요? 그래서 이번에는 퍼스널 보이스톤이 무엇인지 설명하고, 이를 스스로 진단해 볼 수 있는 간단한 방법을 소개하려고 합니다.

먼저 퍼스널 보이스톤이 무엇인지부터 정확히 알아볼까요? 사실, 이 '퍼스널 보이스톤'이라는 단어는 본래 존재하는 용어는 아닙니다. 여러분의 이해를 돕기 위해 제가 만든 단어인데요. 단어만 봐도 알 수 있듯이 자신에게 잘 맞는 보이스톤을 말합니다. 퍼스널 컬러처럼 자신에게 잘 맞는 목소리인 퍼스널 보이스톤도 사람마다 다 다른데요. 나에게 맞는 보이스톤이 존재한다니 새롭지 않나요? 더 놀라운 건 대부분 자신에게 맞는 보이스톤을 찾지 못한 채 '가짜 목소리'를 내며 살아가고 있다는 겁니다. 이제부터 나에게 가장 잘 어울리는 목소리, 퍼스널 보이스톤을 찾을 수 있는 진단법을 알려드릴게요.

앞서 설명했듯 대부분 자신의 목소리보다 더 높은 목소리로 말을 하는 경향이 있습니다. 이렇게 자신에게 알맞은 목소리가 아닌데 인위적으로 톤을 높여 이야기하는 것이 습관이 되면 목을 조이게 될 수밖에 없습니다. 자신도 모르게 계속해서 목을 혹사하는 거죠. 그러면서 "나는 목이 원래 약해서 조금만 말해도 잘 상하는 편이야"라며 애꿎은 목만 탓하는 겁니다. 그러나 진짜 이유는 오랜 기간 사용해 온 보이스톤이 나에게 편안한 톤이 아니었기 때문인지도 모릅니다. 목을 혹사하거나 콧소리가 개입되면서 올바르지 않은 발성법을 사용해 높은음을 낸 겁니다.

간혹 톤을 너무 내려서 말하는 분들도 있습니다. 원래는 그런 목소리가 아니었는데 녹음을 통해 들어보니 내 목소리가 너무 가늘고 높게 느껴져 갑자기 인위적으로 낮은음을 내려고 하는 거죠. 특히 아나운서의 뉴스를 섀도잉하면서 스피치 스터디를 할 때 가장 많이 저지르는 실수입니다. 아나운서를 섀도잉할 때는 말투만 따라 해야지, 나에게 맞지 않는 음을 억지로 흉내 낼 필요는 없습니다. 이렇게 구체적으로 말씀드릴 수 있는 이유는 많은 수강생의 사례를 보았기 때문이기도 하지만, 제가 아나운서를 준비하면서 가장 많이 저질렀던 실수였기 때문이기도 합니다. 저 또한 억지로 제게 맞지 않는 낮은 음역대로 소리를 내다 보니 목에 무리가 가고, 어색하고 부자연스러운 말투가 묻어 나와 이를 교정하려고 부단히 애를 썼던 기억이 납니다.

높은 목소리가 좋은 걸까요, 낮은 목소리가 좋은 걸까요? 정답은 '나에게 맞는 보이스톤'이 가장 좋습니다. 쿨톤과 웜톤 중 자신에게 맞는 퍼스널 컬러가 있는 것처럼 말입니다. 다만 퍼스널 컬러와 상관없이 내가 원하는 색의 옷은 마음껏 입어도 괜찮지만, 보이스톤에서는 이야기가 다릅니다. 본래 퍼스널 보이스톤이 낮은 사람인데 친절하고 밝은 목소리를 내고 싶다고 음을 억지로 높여서 내면 부작용이 따르기 마련이니까요. 평소에 비음(콧소리)이 없던 분들도 갑작스레 비음이 난다거나 목을 조이게 돼 불안정한 목소리가 나오는 등 말이죠.

이렇게 설명하면, "그럼 저는 계속 진중하고 낮은 톤만 내야 하는 걸까요? 저도 밝고 친절한 목소리를 표현하고 싶은데…"라며 아쉬워하는 분들도 있을 텐데요. 걱정하실 필요 없습니다. 중저음의 목소리로도 충분히 밝은 이미지를 연출할 수 있으니까요. 목소리의 높낮이가 아닌 '말투'로 말입니다. 톤을 조정하는 대신 '미소를 머금은 듯한 말투'로 대신해 주면 됩니다. 나의 목은 보호하면서 듣는 사람에게는 자연스러우면서도 친절한 느낌을 얼마든지 줄 수 있습니다.

퍼스널 보이스톤이 무엇인지와 진단의 필요성까지 설명했으니 이제 구체적인 진단 방법을 소개하겠습니다. 이번에도 여러 방법을 안내할 테니 자신에게 가장 잘 맞는 방법으로 진행하면 됩니다.

첫 번째 방법은 한숨을 쉬는 것입니다. 정말로 한숨을 쉰다고 생각하고 크게 숨을 들이마신 후 내쉬는 숨 끝에 소리를 살짝 얹어봅시다. 한숨은 가장 편안한 상태, 이완된 상태에서 나오는 숨입니다. 마찬가지로 한숨을 쉴 때 나오는 목소리도 가장 편안한 소리일 가능성이 큽니다. 한숨을 내쉴 때는 목을 조이거나 긴장시킬 일이 없기 때문이죠. 그렇다고 한숨을 내뱉는 처음부터 소리를 얹어 버리면 너무 높은 소리가 날 수 있으니 조심해 주세요. 내 쉬는 숨의 끝에만 '하' 소리를 살짝 얹어주는 겁니다.

이때 나오는 퍼스널 보이스톤을 제대로 파악하기 위해 소리를 연장해 줍시다. '하아아아아아아아' 이렇게 길게 소리를 끌면서 나에게 가장 편한 보이스톤이 무엇인지 들어보는 거죠. 생각보다 낮은 소리일 가능성이 큽니다. 평상시 친절하게 혹은 크게 말하기 위해서는 목을 조여야 한다고 생각해서, 혹은 비음이 습관화되어서 더 높은 목소리로 말하고 있을 확률이 크거든요. 여러분이 생각하는 것보다 여러분의 목소리는 더 낮고 둥근 소리일 가능성이 큽니다.

두 번째 방법을 소개할게요. 하품입니다. 이제 왜 하품이 퍼스널 보이스톤을 진단하는 방법인지 감이 오시나요? 하품 또한 한숨처럼 목에 긴장을 풀고 이완된 상태에서 자연스럽게 나오는 타고난 소리이기 때문입니다. 정말 하품을 한다고 생각하고 온몸을 이완시킨 채 공기를 들이마십니다. 이번에도 '하아아아아아' 하고 소리를 이어가며 나의 편안한 보이스톤을 기억해 줍시다. 이렇게 하품을 하는 듯한 상태에서는 인위적으로 높은음을 내려고 해도 목을 조일 수 없으니 쉽게 나지 않습니다. 어떤가요? 첫 번째 연습했던 한숨과 비슷한 톤이 나오나요? 만약 첫 번째 방법과 두 번째 방법에서 나오는 보이스톤에서 차이가 크게 난다면 둘 중 더 편안하게 나오는 소리를 찾아주세요. 목을 조이지 않고도 나오는 소리를 확인하는 겁니다.

두 가지 방법에서 톤 차이가 크게 난다면 그 이유는 인위적으로 소리를 짜내는 습관이 강하게 잡힌 사람은 한숨이나 하품을 하려고 해도 평소 내던 습관이 자꾸 개입되기 때문입니다. 이 개입을 최대한 막기 위해서는 눈을 감고 잠시 말을 아예 하지 않은 뒤 진행해 주는 것이 좋습니다. 음악을 틀어 놓고 긴 명상에 빠졌다가 내 호흡에만 집중하며 소리를 내뱉어 보는 겁니다. 최대한 평상시 내 몸 곳곳에 숨어 있던 긴장감과 힘을 완화한 채 진단을 진행해 주세요.

스피치 연습을 하다가 어떤 톤으로 말해야 할지 헷갈

●──── 발성법 하나로 단번에 이미지가 달라진다

리거나, 목의 긴장감 때문에 자꾸 조이는 소리가 난다면 이렇게 퍼스널 보이스톤 진단을 먼저 진행한 뒤 그 톤을 살려서 이어가면 효과적입니다. 여기에서도 알 수 있듯 나에게 꼭 맞는 편안한 보이스톤은 목의 힘을 풀고 몸이 이완된 상태에서 나오는 자연스러운 소리라는 것입니다.

콧소리,
자유롭게 온·오프 하는 법

한 단면만을 보고 누군가의 이미지를 판단하는 건 바람직한 일은 아닌데요. 그럼에도 말하는 방식이 아주 빠른 시간에 그 사람의 이미지를 각인시킨다는 건 부정할 수 없습니다. 이때 내가 말하는 방식을 자유롭게 통제할 수 있다면 프로페셔널한 말투, 털털한 말투, 어리광 부리는 말투 등 상황에 따라 적절하게 활용할 수 있겠죠. 하지만 아쉽게도 이를 통제하는 방법을 잘 알지 못해 괜한 오해를 사거나 신뢰감을 잃는 경우도 종종 생깁니다. 특히 이러한 일이 빈번히 발생하는 부분이 바로 '비음' 사용인데요. '비음'은 말 그대로 콧소리를 좀 더 전문적으로 일컫

←— 발성법 하나로 단번에 이미지가 달라진다

는 말입니다. 애교를 부리거나 어리광을 피우고 싶을 때 사용한다면 충분히 매력적인 말하기 방식이 될 수 있겠지만, 상황과 장소를 가리지 않고 사용한다면 나의 이미지에 큰 타격을 줄 수도 있는 게 바로 비음입니다.

'나는 비음이 없어'라고 자신하는 분들도 계실 텐데요. 놀랍게도 대부분의 사람이 비음을 가지고 있습니다. 심지어는 남자 중에서도 비음으로 말하는 습관이 있는 분들도 아주 많습니다.

이렇게 많은 사람이 지니고 있는 비음을 고쳐야 할 이유는 사회적 이미지 외에도 다양한 요인이 있는데요. 일반적으로 비음이 있는 분들은 실제 자신의 보이스톤보다 높고 가는 소리를 내는 경우가 많습니다. 특히 가늘고 높은 목소리에 불만이었던 남성분들 중에서는 며칠간 비음을 빼는 연습을 한 뒤 한 번도 들어보지 못한 자신의 중저음을 발견한 분들도 자주 볼 수 있었습니다.

보이스톤 외에도 비음은 전달력에도 치명적인 영향을 미치는데요. 원래 자신은 발음이 좋지 않은 편이라고 생각해 왔는데, 비음을 고치자 부정확했던 발음이 깔끔하게 교정되는 경우도 아주 많습니다.

마지막으로 말하는 느낌 자체가 달라집니다. 비음을 빼면 훨씬 시원하고, 듣기에도 말하기에도 모두 편안한 소리를 낼 수 있습니다. 목을 조이고 말하는 습관이 함께 개선되는 경우도 많고요. 이렇다 보니 비음은 다양한 말하기 문제를 개선하는 데 만병통치약 같은 존재입니다.

그렇다면 비음은 도대체 왜 이렇게 많은 요소에 영향을 미치는 걸까요? 또 나에게 비음이 있는지, 없는지는 어떻게 알 수 있을까요? 그리고 비음을 고치려면 어떻게 해야 할까요? 이 모든 걸 차례대로 소개할 이번 챕터는 그동안 스피치 챌린지를 진행하며 많은 수강생이 가장 효과를 많이 봤다고도 하는 내용들이니 꼼꼼하게 익히고, 잘 따라와 주세요!

먼저 비음을 이해하기 위해서는 '콧소리'가 어떤 소리인지부터 정확히 짚고 넘어갈 필요가 있습니다. 비음을 내지 않고 올바르게 말하는 방법은 소리가 '입'을 통해서 나가는 것입니다. 입은 얼굴에 있는 여러 구멍 중 가장 크고, 방해물도 없어서 소리를 내기에 최적화된 구멍이라고 할 수 있지요.

그런데 비음은 이렇게 멀쩡히 있는 입을 가만히 두고, 그 위에 있는 콧구멍으로 내뱉는 소리라고 생각하면 됩니다. 코는 숨을 쉬고 냄새를 맡기 위해 만들어진 구멍이지, 말을 하기 위한 구멍이 아니죠. 그러니 당연히 소리가 나가기에는 입에 비해 구멍의 크기도 현저히 작을뿐더러 방해물도 많습니다.

물론 비음을 낼 때 콧구멍만을 100퍼센트 이용해서 소리를 내뱉는 것은 아닙니다. 콧구멍만으로 소리를 내는 건 불능하지요. 사람에 따라 정도가 다르지만 비음이 심할수록 입으로 내는 소리는 적어지고 코를 이용해서 내는 소리의 비율이 높다는 정도로 이해하시면 됩니다.

그렇다면 비음을 사용할 때 왜 목이 아프고, 가는 소리가 나며, 발음도 좋지 않은 답답한 소리가 나는지 그 이유도 이해가 될 겁니다. 작은 구멍으로 억지로 소리를 내보내려고 하니 불필요한 힘이 들어가 목을 조이게 되는 건데요. 특히 큰 소리를 내야 할 때 더 심해집니다. 그러다 보니 얇은 소리가 나게 되고, 소리를 내보낼 때 장애물이 많다 보니 발음이 뭉개지기도 하는 겁니다. 무엇보다 입을 충분히 벌려서 울림을 주지 못하기 때문에 듣기 편안한 공명감이나 명확한 발음이 이루어지기도 어렵습니다.

예외적으로 비음이 심한데도 발음이 명확한 분들도 있는데요. 이런 경우 소리는 코의 개입이 많이 있는 편이지만, 입 자체는 크게 크게 벌려 발음하기 때문에 비음 특유의 발음 뭉개짐이 덜 발생하는 것입니다. 어찌 되었건 대부분의 사람에게는 비음을 고치는 것이야말로 말하기 방법을 여러모로 개선시켜 주는 만병통치약이 될 수 있습니다.

그럼 내가 비음이 있는지 아닌지는 어떻게 진단할 수 있을까요? 아주 간단합니다. 코를 막고 말해 보면 바로 알 수 있습니다. 앞서 비음을 코를 통해서 소리를 내뱉는 방식이라고 알려드렸는데요. 그러니 손가락으로 코를 막아버리면 어떻게 될까요? 평소 비음이 심했던 사람일수록 소리가 거의 나지 않을 겁니다. '웅 웅' 뭉개지는 소리만 들리고 발음도, 발성도 제대로 들리지 않게 되겠죠. 그러니 이 진단법은 매우 간단하면서도 정확한 방법이라고 할 수 있습니다.

그런데 이때 주의할 부분이 하나 있습니다. 자음 중에서도 'ㄴ, ㅁ, ㅇ' 이렇게 3가지 자음은 본래 코가 개입해야만 정상적으로 소리가 나는 자음입니다. 즉 비음 진단을 하겠다고 코를 막으면 'ㄴ, ㅁ, ㅇ'이 나오는 글자에서는 소리가 뭉개질 수밖에 없습니다. 그러니 비음을 진단할 때는 이 자음들이 포함되지 않은 단어로 진단해야 합니다.

고민 없이 빠르게 진단해 볼 수 있도록 제가 비음 자가 진단을 위한 단어를 정해드릴게요. 바로 '세계 최초'라는 단어입니다. 코를 막고 '세계 최초'라고 말해보세요. 비음이 없다면 코를 막지 않고 말할 때와 완전히 같은 소리가 나야 합니다. 저는 비음을 0퍼센트로 만들었기 때문에 이제는 '세계 최초'라고 말하면 코를 막을 때와 막지 않을 때의 차이가 전혀 없는데요. 제가 코를 막고 말하고 있다는 사실 자체를 모를 정도로 비음을 완전히 없앴습니다. 이 정도가 된다면 비음 챕터는 넘어가셔도 좋습니다.

하지만 코를 막고 말할 때와 막지 않고 말할 때의 차이가 조금이라도 느껴지고 발음이 뭉개진다면 평상시에 비음을 사용하고 있다는 것이니 계속 따라와 주세요. 그 차이가 심할수록 '내가 평상시에 비음으로 말하고 있었구나' 생각하시면 됩니다.

이제 비음이라는 문제를 알았으니 고쳐야겠죠? 고치는 방법 또한 아주 간단한데요. 방금 비음 진단을 했던 것처럼 코를 막은 상태로 계속 말하면서 코를 막고도 코를 막지 않은 것처럼 소리가 나도록 연습해 주면 됩니다. 그러기 위해서는 평상시 코를 이용해 내뱉던 소리를 입을 이용해서 소리를 뱉어줄 수 있도록 노력해야겠죠?

처음엔 입을 더 크게 적극적으로 벌리며 코를 막은 채로 소리를 뱉어주는 방식으로 연습하면 좋습니다. 아직 감이 잘 안 오는 분들을 위해 좀 더 자세히 설명해 보겠습니다.

콧구멍은 입보다 더 위에 위치해 있죠. 평상시 비음을 내던 분들은 본래 소리를 내야 하는 구멍보다 더 위쪽으로 소리를 보내고 있던 겁니다. 그러니 소리를 코가 아닌 입으로 위치를 낮춰서 보내준다고 생각하는 것도 좋은 이미지 훈련법입니다.

이렇게 코를 막은 상태와 코를 막지 않은 상태가 구분

✦—— 발성법 하나로 단번에 이미지가 달라진다

이 가지 않을 정도로 '세계 최초'를 뭉개지지 않고 발음할 수 있을 때까지 연습해 봅시다. '세계 최초'라는 단어가 너무 짧다면 그 후에는 1분 이상 코를 막고 말을 해보는 것도 추천합니다. 'ㄴ, ㅁ, ㅇ'이 중간중간 나오기 때문에 어느 정도 뭉개지는 소리가 있을 수밖에 없지만 전반적으로 뭉개지는 느낌이 훨씬 덜할 겁니다.

물론 비음을 쓰는 분들은 최소 몇십 년 동안 그렇게 발화하는 것이 습관이 되어 있기 때문에 하루아침에 고치기는 쉽지 않을 겁니다. 하지만 비음이 있다는 걸 깨닫고 틈날 때마다 비음 교정 연습을 한다면 어느 날 갑자기 훅 달라져 있는 발음을 발견할 수 있을 겁니다. 변화는 연습이 축적되다 보면 나도 느끼지 못하는 새에 갑자기 찾아오는 법이니까요!

마지막으로 비음은 그 자체로 매력 있는 소리이니 아예 없앨 필요는 없습니다. 다만 상황에 따라 내가 컨트롤하며 자유자재로 활용할 수 있어야겠죠. 앞서 설명한 '세계 최초'를 코를 막았을 때와 막지 않았을 때의 차이가 전혀 나지 않는 상태까지 어느 정도 완성했다면, 이제 원하는 때에 비음을 내는 것도 연습해 보는 거예요.

코를 막고 '세계 최초'를 발음하면서 완전히 울리는 소리가 날 것처럼 비음을 최대치로 활용해 보는 겁니다. 이 두 가지를 온·오프 할 수 있는 수준이 되면 소리를 내는 방식을 완전히 익힌 것이라 할 수 있겠죠?

뒤로 먹는 소리만 고쳐도
목이 편안해진다

지금까지 제대로 된 발성법과 자신에게 맞는 보이스 톤을 찾으면 오래 말해도 목이 편안할 것이라고 말씀드렸는데요. 그런데 이 모든 걸 개선해도 목이 아픈 게 나아질 기미가 없다면 '이것'이 문제일지도 모릅니다. 바로 소리를 뒤로 먹는 습관입니다.

일반적으로 소리는 입을 통해 앞으로 뻗어내는 것이 맞습니다. 그런데 간혹 소리를 뒤로 보내면서 먹는 듯한 소리를 내거나 목이 갈라지는 분들이 있습니다. 이런 식으로 소리를 내면 당연히 목에 자극이 갈 수밖에 없고, 조금만 말해도 금세 목이 아플 거예요.

그런데 이렇게 소리를 뒤로 먹는 습관은 편하게 말할 때는 잘 생기지 않습니다. 오히려 스피치를 배운 지 얼마 되지 않았을 때 지나치게 낮은음을 내려고 하다 보니 생기는 '쪼'라고 할 수 있어요. 아나운서의 낮은음을 따라 하다 보니 소리를 뒤로 먹기도 하고요. 다른 부분에서는 멀쩡하게 잘 뱉어내다가도 아나운서처럼 끝음 처리를 하려고 과도한 하강조를 쓰다 보면 종결어미만 갈라지기도 합니다.

저 또한 오랜 기간 이 끝음 처리를 멋있게 하고 싶은 마음에 '뒤로 먹는 소리'를 자주 냈습니다. 처음 스피치를 배우기 시작하면 아나운서 특유의 종결어미 '습니다'를 하강조로 처리하는 게 멋있어 보이거든요. 그런데 내 퍼스널 보이스톤을 벗어나는 범위에서 급격하게 음을 뚝 떨어뜨리려다 보니 도저히 소리가 앞으로 뱉어지지 않는 겁니다. 급기야 소리를 뒤로 보내면서 먹는 소리를 내는 거죠. 음이 낮아질지는 모르겠지만 목이 갈라지고 잠겨 말하는 사람도, 듣는 사람도 불편해집니다.

내가 소리를 뒤로 먹는 습관이 있는지 확인해 볼 수

있는 자가 진단법과 개선 방법을 알려드릴게요. 저도 이 방법을 통해 먹는 소리가 크게 개선되고, 내가 지금 소리를 먹고 있는지 여부도 쉽게 자가 진단할 수 있게 되었습니다.

바로 빨대를 이용하는 방법입니다. 이 '빨대 호흡법'은 스피치하우스 정지성 선생님께 배운 방법인데요. 우선 빨대를 4분의 1 정도 길이로 짧게 잘라줍니다. 그리고 빨대 한쪽을 입에 물고 말을 해보는 거예요. 이때 손바닥을 반대쪽 빨대 구멍에 살짝 가져다 댔을 때 호흡이 느껴지면 잘하고 있는 겁니다. 반면 소리를 뒤로 먹는 습관이 있는 사람은 아무리 빨대에 입을 대고 말을 해도 반대쪽 입구에서 바람이 느껴지지 않겠죠?

소리가 앞이 아닌 뒤로 가고 있으니 아무리 말을 해도 앞으로 호흡이 나가지 않는 겁니다. 처음부터 끝까지 이 공기가 느껴지지 않는다면 모든 말을 뒤로 먹으면서 하고 있다고 진단할 수 있고요. 대부분은 '습니다'처럼 마무리되는 종결어미 부분에서만 갑자기 호흡이 나오지 않는 경우가 많습니다. 이 경우에는 '아하! 내가 종결어미를 과하게 낮추려다 보니 호흡을 입 밖으로 뱉어내지를 못하고 있구나'라고 진단할 수 있습니다.

이렇게 빨대를 이용해 간단한 진단을 마치면 연습도 이어갈 수 있습니다. 문제점을 알았으니 빨대 밖으로 바람이 느껴질 때까지 말을 뱉어내는 연습을 하는 거죠. 의식적으로 소리를 밖으로 꺼내려고 이미지 트레이닝하며 연습하면 됩니다.

이때 빨대를 물고 말을 하고 있으니 당연히 숨도 가쁘고 발음도 뭉개질 텐데요. 이 빨대 연습법은 오직 소리를 뱉어내기 위한 연습 방법이니 다른 부분은 신경 쓰지 않으셔도 됩니다. 오직 빨대 밖으로 호흡이 충분히 나오는지에만 신경을 써주세요. 참고로 반대쪽 빨대 구멍에 손을 가져다 대면서 구멍을 아예 막아버리면 호흡이 막히니 이 또한 주의해 주세요. 구멍을 막지는 말고, 바람을 느낄 수 있을 정도로만 살짝 가져다 대면 충분합니다.

공기 반 소리 반,
공명감 만들기

앞서 공명감에 대해 설명한 내용 기억나시나요? 다시 한번 간단히 짚고 넘어가자면, 동굴에서 소리가 울리는 것처럼, 말을 할 때 공기를 진동시켜 둥글고 깊은 소리를 내면 이를 공명감 있는 소리라고 합니다. 공명감이 없으면 소리가 날카롭고 직선적으로 들릴 수 있습니다. 또 굵고 풍성한 소리보다는 가늘고 1차원적인 소리가 나죠. 결국 이 차이를 결정짓는 건 공기를 충분히 머금고 이를 진동시킬 수 있는가, 공기가 충분히 울리는가에 대한 영역입니다. 그러다 보니 소리를 풍성하게 내야 하는 가수가 훈련할 때 그 유명한 '공기 반 소리 반'이라는 표현이

나오는 거고요. 다시 말해 소리를 낼 때 '소리'만 나오는 게 아니라 '공기'를 머금은 채로 소리가 나야 한다는 이야기죠.

전문가도 훈련을 받아야 가능한 것이니 일반인 분들이 완벽한 공명감을 만들기는 쉽지 않을 수 있어요. 하지만 적어도 공명감을 이해하고, 조금이라도 공기를 진동시키려는 감을 가지고 말할 때와 아닐 때의 소리의 느낌은 천지차이입니다. 확연히 부드럽고 둥근 소리가 날 거예요. 그래서 이번에는 간단하게나마 이 공명감의 감을 잡을 수 있는 연습 방법을 알려드리려고 합니다.

첫 번째 방법은 '휴대폰 진동 소리'를 따라 해보는 겁니다. 어릴 때 이 진동 소리를 따라 하며 장난을 쳤던 기억이 나는데요. 그만큼 일상생활에서 쉽게 공명감을 느낄 수 있는 효과적인 방법입니다. '공기를 진동시키는 것'이 공명감의 핵심이니 휴대폰 진동처럼 소리를 울려보면서 그 느낌을 느껴 보는 거예요. 정확히 말하면 '비강'을 울리면서 소리를 내보는 건데요. '음~~~' 하면서 입을 꾹 다문 상태로 입안에서 진동을 일으켜 보는 겁니다. 이때

5초에서 10초 이상 충분히 시간을 두고 진동을 느껴야 제대로 된 울림을 느낄 수 있습니다.

10초 이상 충분히 진동을 느꼈다면 그 상태에서 그대로 입을 벌려주세요. 자동으로 '아' 하는 소리로 바뀌며 '아' 소리가 진동하게 될 겁니다. 이때 '아' 소리를 낼 때 의식적으로 목에 힘을 주거나 다른 발성을 내지는 마시고요. 휴대폰 진동을 흉내 냈던 그 느낌에서 입만 벌려 자연스럽게 '아' 소리로 바뀌는 느낌이라고 생각해 주시면 됩니다.

'음' 소리가 '아'로 변할 뿐 소리의 울림은 계속되는 거죠. 이때 '아~~~'가 진동하며 울리는 느낌을 기억해 주세요. 이게 바로 공명감 있는 소리를 만들어 내는 느낌입니다. 그 느낌을 그대로 유지한 채 다른 단어를 이어가면 좋습니다.

음 ~~~~ (입 다물고) 아 ~~~~~ (입 열고)
아~~~~ 아이가 걸어갑니다.
음 ~~~~~ (입 다물고) 아~~~~~ (입 열고)

아~~~ 아이스크림이 녹습니다.

이런 식으로 연습해 보면 공명감에 대한 감이 금세 잡힐 거예요. 또 평상시 우리가 얼마나 공기 없이 소리만 뱉고 있었는지를 체감할 수도 있을 거예요.

아직 감이 잘 안 잡히는 분들을 위해 두 번째 방법도 소개해 보겠습니다. 이번에는 '가글'을 떠올리는 건데요. 가글한다고 생각하고 고개를 뒤로 젖혀 주세요. 입안에 가글이 있다고 상상하며 '아~~~~' 소리를 내보세요. 가글할 때 목에 힘을 뻣뻣하게 주는 사람은 없죠. 목에 들어간 힘은 빼고, 오직 입안에서 소리가 진동하는 것만 느껴 봅니다.

이 상태를 10초 이상 지속하다가 그대로 목만 다시 정면으로 돌려놓습니다. '아' 소리는 유지한 채 목만 원위치로 되돌려 놓는 겁니다. 평소보다 낮은 지점에서 소리가 울리면서 더 둥글고 풍부한 소리가 나는 걸 느낄 수 있을 겁니다. 이때 주의할 점은 간혹 혀를 굴려서 입천장을 막는 경우가 있는데, 이렇게 하면 '아' 소리가 깨끗하게 나지 않고 '어rrr' 소리가 나기 때문에 혀는 굴리지 말고 힘을 빼주는 것이 좋습니다.

소리를 둥글게 만드는
이미지 트레이닝

애 같은 말투의 특징 중 하나는 날카롭고 직선적인 말투인데요. 간혹 말을 쏘아붙인다, 퉁명스럽다, 차가워 보인다는 말을 들어본 적 있으신가요? 나는 분명 화내지 않고 부드럽게 말했는데 유독 쏘아붙인다는 평가를 자주 받는 분들이라면 소리를 던지는 방식에 문제가 있을 수 있습니다. 저 또한 말하는 게 차갑다는 이야기를 많이 들었던 사람인데요. 특히 아나운서를 준비하면 음색에서 느껴지는 따뜻함이 아주 중요한데 마치 격앙된 상태로 보도하는 기자 같다는 이야기를 자주 들었습니다. 뉴스에서 취재 기자가 이렇게 전달한다면 분노해야 할 사회문제를 멋있게 대변해 주는 것 같아 고마운 마음이 들겠지만, 일상생활에서 대화할 때 이런 어조로 말한다면 조금 공격적으로 느껴질 수 있습니다. 내 의도와는 다르게 감정이 왜곡되어 전달될 수도 있고요.

그렇다면 소리를 '던지는' 방식이라는 게 무슨 뜻일까요? 복식호흡에서 자세히 설명했듯 우리는 배에 충전해 둔 공기 알갱이를 입으로 뱉어내면서 소리를 전달합니다. 이때 소리를 뱉어내는 모양이 일직선인 경우와 포물선처럼 둥근 경우로 나뉘게 되는 거죠. 일직선으로 소리를 던질 경우 다소 차갑고 공격적으로 툭툭 뱉는 느낌이 들 수 있습니다. 반면 내 소리를 포물선으로 던진다는 이미지로 훈련해 주면 같은 말도 훨씬 부드럽고 따뜻하게 전달되는 효과가 있습니다.

쉬운 이해를 위해 피구를 예로 들어볼게요. 내가 공을 던져 상대 팀을 맞히고 싶을 때 어떻게 던질까요? 공을 최대한 일직선으로 빠르게 꽂습니다. 상대방을 공격할 때 취하는 방식이다 보니 말 그대로 '공격적'으로 느껴집니다. 이를 말하기에 적용해 볼까요? 내가 소리를 내뱉을 때 일직선으로 툭툭 내뱉는다면 다소 공격적이고 날이 서 있다는 느낌을 주는 거죠.

반면 피구에서 같은 팀에게 공을 패스해 줄 때는 어떻게 던질까요? 우리 편이 놓치지 않게 정성스럽게 공을 던집니다. 이때는 일직선이 아닌 포물선으로 둥글게 던지죠. 말도 마찬가지입니다. 상대방에게 나의 말을 따뜻하고 정확하게 전달하기 위해서는 일직선의 공격 자세보다는 포물선처럼 둥글게 패스해 주는 자세가 필요합니다. 별거 아니지만 이 이미지를 가지고 훈련하고, 둥글게 던지는 말하기에 적응하게 되면 나도 모르게 훨씬 부드럽고 친절한 말투를 만들 수 있습니다.

이는 오랜 기간의 훈련보다는 몇 번 연습해 보면서 감을 잡으면 금방 터득할 수 있는데요. 가장 좋은 방법을 하나 알려드릴게요. 우선 1미터 정도 거리에 휴지통이나 바구니를 놓습니다. 그리고 내 소리를 포물선 모양으로 저 휴지통에 집어넣는다고 생각하고 던져보는 거예요. 훨씬 직관적으로 이해하기 쉬울 겁니다. 또한 내가 평소에 얼마나 직선적으로 날카롭게 말하고 있었는지를 실감하게 될지도 모릅니다. 이때 휴지통을 너무 가까이 둘 경우 입 바로 아래에서 소리가 우수수 떨어져서 전달력이 떨어질 수 있으니 주의하세요.

소리는 내 입 아래에 툭 떨어지는 게 아니라 상대방이 있는 곳까지 충분히 멀리 전달되어야 합니다. 입 아래에서 떨어지는 소리는 자신감 없고, 불명확하게 들릴 수 있습니다. 반대로 내 목소리가 너무 작거나 소심해 보인다는 이야기를 자주 들은 분들이라면 휴지통을 멀리 두고 그쪽까지 던지는 것만으로도 소리를 멀리 뻗는 연습을 할 수 있으니 일석이조입니다.

이 연습을 할 때는 앞서 설명했던 복식호흡, 퍼스널 보이스톤, 비음 빼기 등을 함께 적용해 주면 효과가 훨씬 더 좋습니다. 소리를 던진다고 해서 목을 조이지 말고 하체가 바닥을 지지하는 힘을 활용해 배의 힘을 끌어올려 던져야 한다는 것도 주의해 주세요.

똑 부러져 보이는
'습니다' 처리법

    저는 평상시 말할 때와 아나운서처럼 말할 때 차이가 큰 편입니다. 그런데 간혹 친구랑 편하게 말하다가도 아나운서 같다는 이야기를 들을 때가 있습니다. 친구랑 말할 때는 발음을 크게 신경 쓰거나 발성을 좋게 하는 편이 아니기 때문에 '왜 아나운서 같다는 거지?' 하고 의아할 때가 많았는데요. 그런데 이야기를 들어보니 제가 말할 때 무의식적으로 끝음을 내린다고 하더라고요. 특히 '~니다' 부분의 음을 내리는 게 아나운서 특유의 말투처럼 들린다고들 하더라고요.

    그래서 이를 역이용하면 좋겠다는 생각이 들었습니

다. 아나운서 같은 발음, 발성까지는 체득하기 힘들지만 뭔가 전문적이고 신뢰감 있는 느낌을 주고 싶을 때 아주 가성비 좋은 스킬이 되겠더라고요. 그래서 이번에는 아나운서 끝음 처리 방법을 간단하게 알려드리려고 합니다. 발표할 때 혹은 업무 미팅하는 상황에서 적절히 활용하면 꽤 유용하실 거예요.

앞서 말투에 관해 이야기하면서 '하강조'를 설명했던 것, 기억하시나요? 끝음을 내려서 처리하는 말하기 방식이었죠. 이를 적용해 문장을 마치는 '~니다' 부분을 하강조를 이용해 처리해 주면 아나운서 느낌을 줄 수 있습니다. 다만 아무 때나 사용하면 어색할 수 있으니 적절한 용도를 알려드릴게요.

일반적으로 문단을 시작할 때는 상승조를 사용합니다. 상승조를 사용하면 '이제 이야기가 시작되는구나' 하는 느낌이 들죠. 시작 부분의 문장에서는 '~니다'와 같은 종결어미 부분을 살짝 올려서 처리해 주면 됩니다. 스포츠 뉴스의 시작 장면을 떠올려 볼까요? 첫 시작은 밝고 경쾌하게 "스포츠 뉴습니다!" 하며 끝음을 올리는 말투가 떠오르실 거예요. 꼭 경쾌한 느낌을 줄 때만 사용되는 건 아닙니다. 진중하고 무거운 뉴스에서도 첫 문장을 시작할 때면 "오늘 새벽 6시쯤 사고가 발생했습니다" 하며 끝음을 올리는 경우가 많습니다. 정해진 건 아니지만 일반적으로 첫 문장은 올려서 처리하라고 아나운싱 교육을 받기도 하고요.

이를 발표를 시작할 때 활용하면 보다 전문적이고 여유로운 인상을 줄 수 있습니다. "발표를 시작하겠습니다" 하며 끝음을 상승조 처리해 주세요. 시작하는 첫 문장에서 전문적인 느낌을 내고 싶다고 하강조로 처리해 버리면 시작하자마자 발표가 끝나는 듯한 힘 빠지는 느낌을 줄 수 있으니 주의해 주세요. 상승조와 평조는 뒤에도 내용이 이어질 것이라는 느낌을 강하게 주는 반면, 강한 하강조는 끝맺음과 같은 느낌을 줄 수 있으니 상황에 맞게 사용해야 합니다.

이렇듯 시작하는 문장에서는 상승조를 사용하고 그 뒤의 문장부터는 강하지 않은 하강조와 평조를 적절히 사용해서 문장을 이어가면 매우 신뢰감 있는 모습을 보

발성법 하나로 단번에 이미지가 달라진다

여줄 수 있습니다. 이때 바로 아나운서의 끝음 처리를 활용하는 거예요.

발표를 이어가는 중간 부분에서는 15도 정도로 음을 내린다고 생각하면 좋습니다. 이때 앞서 설명한 피구공을 패스하는 느낌을 기억하며 직선으로 뚝 떨어뜨리는 게 아닌 포물선으로 서서히 음을 떨어뜨린다고 상상하는 게 좋습니다.

반면 발표가 끝나는 마지막 문장에서는 강한 하강조를 사용해 내용이 끝났다는 느낌을 주면 좋습니다. 강한 하강조는 45도 정도로 음을 내리는 느낌이라고 생각하면 편한데요. 이때 음이 너무 낮아지면 목이 잠길 수 있으니 다른 음을 처리할 때보다 비교적 공기를 많이 머금고 소리를 뒤로 먹지 않게 주의해 주세요.

실습을 위해 세 가지 문장을 드릴 테니 순서대로 상승조, 15도 하강조, 45도 하강조로 처리하는 연습을 해봅시다.

발표를 시작하겠습니다.

발표를 이어가겠습니다.

발표를 마치겠습니다.

이렇게 상승조, 15도 하강조, 45도 하강조를 문장 중간중간 적절히 활용하는 것만으로 전문적이고 신뢰감 있는 이미지를 줄 수 있습니다.

그런데 수강생분들 중 이 하강조 연습을 할 때 오히려 소리가 너무 갈겨지거나 잠겨서 어려움을 겪는 경우가 종종 있는데요. 그때 자주 받았던 질문들을 토대로 해결책을 알려드릴게요.

먼저 가장 많이 나오는 문제점은 소리를 뒤로 먹는 습관입니다. 이 부분은 86쪽 내용을 참고해 주세요. 하강조 처리를 할 때는 소리를 반드시 앞으로 뱉는다는 느낌으로 해야 하며 빨대 훈련법을 병행하면 쉽게 감을 잡을 수 있습니다.

또 음을 너무 과도하게 낮춰 자신의 퍼스널 보이스톤을 벗어나는 경우도 있는데요. 내가 낼 수 있는 편안한 음역대를 과하게 벗어나려고 하니 목이 잠기게 되는 겁니다. 이 경우에는 음을 롤러코스터가 수직 하강하듯 너무 확 내려서 꺾는 느낌이 아니라 서서히, 조금씩만 내린다고 생각해 주세요.

그런가 하면 호흡이 부족해서 마지막 음을 처리할 때 소리가 잠기는 경우도 있습니다. 이는 특히 발표 자리에서 마음이 급해지면 자주 발생하는 문제인데요. 문장 중간중간에 좀 더 자주, 혹은 오래 쉬어가면서 호흡을 충분히 조절해 주어야 하강조 처리에도 잠기지 않습니다.

마지막 문제는 심리적 부담감입니다. 저 역시도 많이 겪었던 문제인데요. 오랜 기간 종결어미 '다'에 과하게 공기를 싣다 보니 '댜'처럼 끝맺는 버릇이 있었습니다. 이 부분을 계속 지적받다 보니 더 의식하게 돼서 '다'에만 가까워지면 긴장감에 소리를 제대로 내지 못하는 상황까지 벌어졌습니다. 하강조 처리가 무서워서 급기야는 어울리지 않는 문장에서 상승조를 쓰기도 했죠.

이렇게 저처럼 심리적 부담감이 있는 분들께 안성맞춤인 연습 방법 한 가지 알려드릴게요. 바로 '다'가 끝이 아니라고 생각하고 처리하는 방식입니다. 모든 끝음 '다'를 '다람쥐'로 바꾸는 겁니다. '다'가 아닌 '요'에서도 마찬가지입니다. '요'를 '요리사'로 바꿔서 연습하는 겁니다.

발표를 마치겠습니다 ⇨ 발표를 마치겠습니다람쥐
발표를 마칠게요 ⇨ 발표를 마칠게요리사

처음 연습하시는 분들은 터무니없는 단어에 웃음이 날지도 모르겠습니다. 저도 이 연습을 할 때 자꾸 웃음이 나와서 집중이 어려웠던 경험이 있거든요. 하지만 이 방법은 심리적인 이유로 종결어미 처리를 깔끔하게 하지 못하는 문제를 해결하는 가장 쉬운 방법입니다. 똑같은 '습니다'인데도 '습니다람쥐'로 처리하니 '다'가 하나도 어렵지 않다는 걸 체감하실 수 있을 거예요. 그 느낌 그대로 익혀서 '습니다'로 넘어가면 됩니다.

만약 위에서 소개한 '다람쥐' 연습 방법이 어렵다면 다른 방법이 하나 더 있습니다. '다람쥐' 연습법으로 할 때는 잘되는데, 이를 적용해 끝음을 '다'로 하면 여전히 문제가 반복되는 분들은 역순으로 연습하는 걸 추천합니다. 역으로 연습하는 방법은 아래와 같습니다.

[원래 문장]
발표를 마치겠습니다.

[연습 방법]
다.
니다.
습니다.
겠습니다.
치겠습니다.
마치겠습니다.
를 마치겠습니다.
표를 마치겠습니다.

발표를 마치겠습니다.

이 순서로 연습하면 처음 '다'만 홀로 내뱉었을 때 깔끔하게 처리되는 느낌을 이어가기 쉽습니다.

이렇게 다양한 케이스를 설명드리다 보니 '내가 아나운서 될 것도 아닌데 이렇게까지 하강조를 써야 해?'라는 생각이 들 수도 있는데요. 하강조에 어려움을 겪는 다양한 케이스를 소개한 것뿐, 사실 '끝음을 내린다'라는 아주 간단한 스킬입니다. 이 스킬 하나만 장착해도 "발표 잘한다", "똑 부러져 보인다" 등등 좋은 피드백을 들었다는 후기가 아주 많으니 꼭 한번 활용해 보세요.

마지막으로 주의할 점 하나는, 자칫 느끼해질 수 있으니 어미를 끌어 '다아아'처럼 길게 처리되지는 않도록 주의해 주세요.

·——— 발성법 하나로 단번에 이미지가 달라진다

여유 있는 이미지를
완성하는 호흡법

지금까지의 훈련을 통해 애 같은 말투에서 벗어나 신뢰감이 느껴지는 어른 말투로 달라진 걸 느낄 수 있을 텐데요. 평소에는 앞선 방법들을 적절하게 잘 활용하는 분들도 회의나 중요한 미팅, 면접과 같은 상황에서는 심리적 긴장감에 호흡이 금세 가빠지는 분들이 많습니다.

그래서 이번에는 지금까지 연습한 방법들을 긴장되는 상황에서도 잘 활용할 수 있도록 '호흡 늘리기' 연습을 해보려고 합니다. 평소 이 호흡 늘리기 훈련을 꾸준히 하면 긴장되는 자리에서 호흡이 딸려 염소 목소리가 나는 대참사를 막을 수 있습니다. 호흡이 길면 말할 때 훨씬 부드럽고 안정된 느낌을 줄 수도 있습니다.

기본적으로 호흡이 부족한 경우에는 중간중간 '포즈 (끊어 읽는 부분)'를 더 자주 두고, 한번 쉴 때 더 오래 쉬어 가는 방법도 있는데요. 이 방법은 근본적인 해결책이 되지 못할뿐더러 너무 자주 끊어가면 분절감 때문에 더 긴장되어 보일 수 있습니다.

호흡 늘리기 연습 방법을 소개하기 전에 호흡으로 인한 긴장감을 덜어낼 수 있는 요소를 하나 알려드릴게요. 일반적으로 내 긴장감이 듣는 사람에게까지 전해지는 이유는 숨을 '하' 하고 들이마시는 소리가 크게 나기 때문입니다. 이 소리가 크게, 자주 들리다 보면 숨을 헐떡이는 것처럼 들리게 되고, 듣는 이의 마음도 조마조마해집니다. 실제로 숨이 부족해서 얼굴이 빨갛게 달아오르기도 하고요.

이때 숨을 더 안정적으로 들이마시는 방법은 코를 이용하는 겁니다. 숨을 헐떡이듯 들이마시는 습관은 대부분 입만 활용해서 숨을 마시기 때문인데요. 숨은 코와 입 모두를 활용해서 마시는 것이 정석인데 한쪽으로만 마시

──── 발성법 하나로 단번에 이미지가 달라진다

려고 하니 소리도 크게 나고, 마실 수 있는 호흡도 부족해서 더 헐떡이게 되는 악순환의 고리가 생기는 거죠. 그래서 이런 어려움을 겪고 계신 분들이 '코로도 숨을 같이 마셔야겠다'라고만 생각을 전환해도 아주 간단하게 안정적으로 변하는 경우가 많습니다.

또 입에 비해 코는 숨을 마실 때 '흡' 소리가 덜 나기 때문에 듣는 이도 거슬림이 없이 안정적으로 느끼는 겁니다. 긴장하지 않았는데도 긴장한 것으로 오해받는 일도 적어지고요. 저 또한 처음 방송했을 때 숨을 마시는 '흡' 소리가 너무 크게 난다는 피드백을 자주 받았던 기억이 있는데요. 도대체 뭐가 문제일까 고민했었는데, 지금 생각해 보니 입으로만 숨을 마셔서 호흡 소리가 크게 났던 거더라고요. 이렇게 마이크를 찬 상태에서는 숨소리 하나하나가 더 크게 담기니 호흡 소리에도 신경 써주시는 게 좋습니다.

이제 근본적으로 호흡을 늘릴 수 있는 연습 방법을 설명해 드릴게요. 제가 연습 방법을 선정할 때 항상 신경 쓰는 점이 있는데 혹시 느끼셨나요? 바로 '시각화'가 가능한 가입니다. 말과 소리라는 게 손에 잡히지도, 눈에 보이지도 않는 개념이다 보니 연습을 할 때도 추상적으로 느껴지고 막막할 수 있는데요. 그래서 더욱 이미지 트레이닝을 통해 시각화가 가능한 방법을 골라 알려드리려고 합니다. 시각화가 어려울 때는 빨대 연습 방법처럼 스스로 호흡을 느낄 수 있게 촉각화라도 신경 쓰는 편입니다. 그런 의미에서 이번 연습 방법도 시각화가 가능한 방법이라 꽤 재미있게 느껴지실 테니 잘 따라와 주세요!

우선 컵에 물을 반 정도 채우고, 빨대를 준비해 주세요. 그리고 빨대를 컵에 꽂은 채 입을 대고 호흡을 불어 넣습니다. 바로 어릴 때 한 번쯤 해보셨을 '보글보글 놀이'입니다. 이렇게 보글보글 빨대로 숨을 불어 넣는 게 스피치와 무슨 관련이 있나 할 수 있는데요. 빨대 보글보글 놀이는 우리의 호흡을 물 위의 거품으로 시각화해서 확인할 수 있는 아주 유용한 도구입니다. 호흡을 세게 불면 거품이 더 크고 격하게 일고, 작은 호흡은 잔잔한 파동을 일으킵니다. 또 호흡이 끊기는 지점에서는 다시 원래의 물의 상태로 돌아가며 우리의 호흡이 어떻게 이어지고 있는지를 눈으로 확인하게 해줍니다. 이를 이용해 호흡을 일정한 세기로 오랫동안 유지하는 연습을 틈틈이 해보는 거예요.

첫 시작부터 호흡을 '훅!' 하고 세게 불면 그 뒤에는 세게 유지하기 힘들 테니 일정한 정도의 파동을 잔잔하게 유지해 주는 연습을 하는 겁니다. 45초 이상 한 호흡을 유지하는 것을 목표로 해도 좋고, 지금 내 호흡보다 10초씩 더 연장하는 것을 목표로 연습하는 것도 좋습니다.

이 연습법을 통해 단순히 호흡을 늘릴 수 있을 뿐 아니라, 한 호흡에 과한 숨을 불어 넣지 않도록 통제하는 감도 익힐 수 있는데요. 이렇듯 호흡을 통제할 줄 아는 건 말의 격을 높여주는 데 큰 차이를 불러일으킵니다. 수강생분들의 말하기를 듣다 보면 첫 문장에 과한 힘이 들어가 첫 단어에서 모든 호흡이 다 빠져나가는 경우가 있습니다. 이렇게 첫 단어에 과하게 호흡을 다 써버리는 경우를 저는 "촛불을 한 번에 꺼버렸다"라고 표현하는데요. 촛불을 끄듯 한 호흡에 모든 숨을 뱉어버리면 그 뒤로는 복식호흡을 유지하기 힘들어져 목으로 긴장감이 전달될 뿐 아니라 불필요하게 음이 튀기도 합니다. 중간중간 호흡을 자주 끊어가면서 분절감이 생기는 것도 긴장한 듯한 인상을 주니 좋지 않고요.

이때 '불필요하게 음이 튄다'라는 것은 특히 첫 글자가 'ㅅ, ㅊ, ㅌ, ㅎ'과 같은 자음으로 시작할 때 더 부각되는 버릇입니다.

예를 들어 '철수가'로 시작하는 문장에서 첫 단어에 호흡을 너무 많이 써버리면 '철'의 'ㅊ'에 과한 힘이 들어가 음이 튀게 됩니다. 이렇게 음이 튀면 평조가 깨지고, 애 같은 말투, 과하면 사투리처럼 들릴 수도 있을 뿐만 아니라 굉장히 거슬리는 날카로운 음으로 들릴 수 있습니다.

호흡을 제대로 조절할 줄 몰라서 문장마다 첫 음이 튄다면 소리가 날카롭다는 평을 자주 들을 수도 있습니다. 따라서 'ㅅ, ㅊ, ㅌ, ㅎ'과 같은 자음으로 시작하는 부분에서는 빨대로 보글보글 잔잔한 파동을 만들었던 느낌을 기억하며 배의 힘으로 호흡을 어느 정도 잡아주는 것이 좋습니다. 촛불을 한 번에 훅 꺼버리지 말아야겠다고 생각하면서 말이죠.

CHAPTER 3

어른스럽고 야무진 인상을 만드는 발음법

모든 발음의 근본은
모음에서부터

혀 짧은 소리가 난다는 말, 들어보셨나요? 상황에 따라 귀엽게 보일 수도 있겠지만, 사회생활을 하면서 혀 짧은 소리가 난다면 신뢰감을 주기는 어렵겠죠? 어린아이들은 실제로 혀가 짧고, 제대로 발음하는 방법을 몰라 이런 소리가 나지만, 어른이 된 이후에도 혀 짧은 소리를 낸다면 성숙하고 프로페셔널한 인상과는 거리가 멀어질 수 있습니다. 아무리 목소리가 좋고, 말을 유려하게 잘하는 사람이라도 특정 발음이 계속해서 새는 느낌을 준다면 비교적 좋은 인상을 주기에 불리할 것이고요.

고백하자면, 저는 혀가 짧은 축에 속합니다. 그래서 별

다른 노력을 하지 않고 친구들과 편하게 이야기할 때나 유튜브에서 구독자들과 수다를 떠는 상황에서는 아나운서와는 거리가 먼, 혀 짧은 소리가 자주 튀어나옵니다. 실제로 아나운서를 많이 가르쳐본 선생님들 또한 제가 선천적으로 혀가 조금 짧은 편인 것 같다고 말씀하실 정도였죠. 하지만 저는 마음먹고 아나운서 모드를 켜고 방송을 하거나 공적인 자리에서는 "발음이 정말 정확하다", 심지어는 "찰지다"라는 이야기까지 듣습니다. 평상시에는 아이 말투 같던 제가 원하는 때에 아나운서 같은 성숙한 말투를 스위치처럼 껐다 켰다 할 수 있는 이유가 궁금하지 않으신가요? 이렇게 스위치처럼 전환이 가능하다는 건 혀가 짧아 콤플렉스가 있는 분들께는 아주 희소식일 겁니다. 노력하고 신경 쓰는 만큼 개선이 가능하다는 증거니까요.

이번 챕터에서는 도대체 어떻게 하면 저와 같이 혀가 짧은 사람도 혀 짧은 소리가 안 나게 할 수 있는지 쉽게 설명해 보겠습니다. 사실 발음은 발성에 비해 연습에 대한 부담이 적습니다. 오히려 방법을 한번 터득하고 나면 조금만 신경 써도 즉각적으로 개선되기도 하는 게 발음입니다. 평상시 발음에 자신 없던 분들은 자신감 있게 말할 수 있고, 발음에 자신이 있던 분들도 한 단계 레벨업할 수 있는 계기가 되리라 자신합니다.

우선 세세한 발음 방법을 배우기 전에 발음 교정에 가장 큰 영향을 미치는 근본 개념을 알아둘 필요가 있습니다. 이 부분만 기억하고 실천해도 나머지 문제들은 도미노처럼 해결되는 경우가 많습니다. 아주 단순한 개념인데요. 바로 '모음 발음 정확히 하기'입니다.

우리는 평소 발음을 정확히 하려고 하면 자꾸 자음 발음에만 집중하는 경향이 있습니다. 또 입 모양도 자음에 맞추려고 생각하는 분들이 많은데요. 이런 생각이 대부분의 발음을 망치고 있습니다. 발음에서 가장 중요한 건 자음이 아닌 모음이거든요. 모음에 초점을 맞춰서 발음하고, 입 모양도 모음을 신경 쓰며 크게 벌리면 기존에 하던 발음보다 두 배는 더 정확하게 들립니다. 간단한 실험을 위해 아래 문장을 한 번은 자음에 초점을 맞춰서, 한 번은 모음에 초점을 맞춰서 읽어볼게요.

[자음에 초점 맞춰 읽기]

안녕하세요.

자음과 모음을 발음해 봅시다.

[모음에 초점 맞춰 읽기]

안녕하세요.

자음과 모음을 발음해 봅시다.

어때요, 차이가 느껴지시나요? 이걸로는 차이가 잘 느껴지지 않는 분들을 위해 모음만 떼놓고 읽은 후 다시 발음해 볼게요. 이때 모음만 써놓은 부분은 모음을 밀듯이 입을 크게 벌려 발음해 주시고요. 그 감을 살려서 다시 첫 문장에서 모음을 강조하며 읽어주는 겁니다.

[평소처럼 읽기]

안녕하세요, 자음과 모음을 발음해 봅시다.

[모음만 읽기]

ㅏㅕㅏㅔㅛ, ㅏ ㅡ ㅘ ㅗ ㅡ ㅡ ㅏ ㅡㅐ ㅗㅣㅏ

[모음을 살려 다시 읽기]

안녕하세요, 자음과 모음을 발음해 봅시다.

확실히 다른 게 느껴지시나요? 만약 큰 차이가 없다면 평상시에 내 발음이 충분히 좋기 때문일 겁니다. 그런 경우가 아니라면 대부분의 사람이 모음을 강조해서 읽은 뒤 다시 글자를 읽으면 훨씬 더 명확하게 발음하는데요. 이렇게 모음만 떼놓고 읽는 연습 방법은 아나운서들이 많이 애용하는 방법입니다. 대부분의 아나운서 학원에서 가르쳐주는 '어려운 발음이 잘 안될 때의 연습법'이라고 할 수 있겠는데요. 어려운 발음을 만났을 때 이렇게 모음만 떼놓고 읽은 뒤 다시 읽으면 효과를 볼 수 있습니다. 원고가 미리 준비되어 있고 미리 연습해 보는 상황이라면 이 연습이 효과적이겠죠. 하지만 원고가 준비되지 않은 상황에서 자유롭게 일상 대화를 이어갈 때도 이 방

법을 사용할 수 있습니다. 모음 발음을 할 때 더 신경 써서 발음하면 됩니다. 이때 모음 발음을 신경 쓰고 강조해서 발음해 보라고 하면 마치 스타카토처럼 발음하는 분들이 간혹 있는데요. 모음 발음을 강조하는 건 모음을 밀어주듯이 발음한다고 생각하면 됩니다. 밀어준다는 느낌을 잘 모르겠다면, 글자 뒤에 모음 하나가 더 있다고 생각하셔도 좋아요.

[원래 문장]

안녕하세요

[모음만 읽기]

ㅏ ㅕ ㅏ ㅔ ㅛ

[글자 뒤에 모음 하나 더 있다고 생각하기]

아ㅏ ㄴ 녀ㅕ ㅇ 하ㅏ 세ㅔ 요ㅛ

이런 식으로 모음이 하나 더 있다고 생각하면서 읽으면 모음 발음을 밀면서 더 강조하는 느낌으로 읽을 수 있습니다. 이에 더해 급하게 말해서 숨이 차던 사람도 모음을 밀면서 말하면 자연스럽게 속도가 조절되는 장점도 있습니다.

단, 모음 발음을 강조하는 연습법이 통하려면 그만큼 모음에 맞춰 입을 크게 벌리는 건 기본입니다. 발음이 부정확한 사람들을 보면 발음 방법을 몰라서 부정확한 경우도 많지만, 입 자체를 너무 작고 소심하게 벌리다 보니 발음이 불명확해지는 경우가 많습니다. 물론 아나운서들은 오랜 훈련을 거쳐 최소한의 입 크기로도 충분히 명확한 발음을 소화하기도 하는데요. 오히려 입을 너무 크게 벌리면 안 예쁜 소리가 나기 때문에 입을 조금 덜 벌려도 된다는 피드백을 받기도 합니다. 하지만 일반적으로는 입을 너무 크게 벌려서 탈이 나는 경우보다는 입을 너무 작게 벌려서 탈이 나는 경우가 압도적으로 많습니다. 모음 발음 연습도 중요하지만, 기본적으로는 입을 부지런히 움직이며 입을 크게 크게 사용해 주는 것이 기본 중에 기본입니다.

입을 크게 벌릴 때 주의해야 할 점이 두 가지 있습니다. 첫 번째로는 입을 가로와 세로 모두 크게 사용하는 겁니다. 간혹 입을 크게 벌려서 발음하라고 하면 입을 가로로만 크게 찢어 발음하시는 분들이 꽤 많은데요. 앞서 공명감을 설명할 때 이야기한 것처럼 입은 동굴과 같습니다. 이 동굴에서 소리를 울려 공명감 있는 소리를 만들어야 하는 거죠. 그런데 동굴이 너무 낮다면 어떻게 될까요? 충분히 울림 있는 소리가 만들어질 수 있을까요? 그렇지 않겠죠.

입을 가로로만 크게 벌릴 경우 입의 모양처럼 소리도 납작한 소리로 나오게 됩니다. 납작한 소리는 소리의 공명감을 없앨 뿐 아니라 다소 날카롭거나 아이 같은 유치한 소리로 들리기 쉽습니다. 그러니 입을 크게 벌릴 때는 가로로만 벌리기보다는 세로로 더 활짝 벌리는 것에 집중해 보세요. 아무리 복식호흡을 연습해도 공명감이 없고 납작한 소리가 난다면 입을 위아래로 벌리지 않고 가로로만 벌리고 있을 가능성이 큽니다.

← 어른스럽고 야무진 인상을 만드는 발음법

이때 위아래 어금니를 가까이 한 상태로 말하는 경우가 있는데 웅얼거리거나 퉁명스러운, 화가 난 것과 같은 인상을 줄 수 있으니 주의해 주세요. 평소 말투가 퉁명스럽다는 얘기를 많이 듣는다면 꼭 어금니를 벌리고 세로로 입을 벌려야 한다는 점을 기억해 주세요.

이와 더불어 'ㅓ' 모음은 입 모양을 제대로 지키지 않으면 'ㅡ' 또는 'ㅗ'처럼 발음되는 경우가 많은데요. 두 가지 모두 입과 턱을 충분히 움직이지 않아서 생기는 문제입니다. 'ㅓ' 모음을 'ㅡ'나 'ㅗ'처럼 하면 유난히 소심한 인상을 줄 수 있으니 주의해 주세요. 예를 들어볼까요?

서울에서 왔어요

소울에소 왔오요

스울에스 왔으요

여러분은 평상시 세 가지 발음 중 어느 쪽에 가깝게

발음하시나요? 자칫 소심한 인상을 줄 수 있으니 모음 'ㅓ'
가 'ㅡ'나 'ㅗ'처럼 들리지 않게 신경 써주는 연습이 필요
합니다.

　두 번째로 신경 써야 하는 부분은 입을 입체적으로 움
직이는 것입니다. 가로와 세로 모두 입을 크게 벌리면서
말하는 분들도 이 부분은 간과하는 경우가 많은데요. 대
부분은 입을 벌릴 때 2D처럼 평면적인 방식으로 움직입
니다. 명확한 발음을 위해서는 위아래 양옆으로만 움직
이는 게 아니라 앞과 뒤로도 부지런히 오고 가야 합니다.
3D처럼 입을 앞으로 훅 내밀었다가 다시 돌아왔다가 하
는 움직임이 정확히 나와야 하는 것이지요.
　특히 'ㅗ'와 'ㅜ' 모음은 이를 신경 써줬을 때 효과가 바
로 나타나는 가성비 좋은 발음이라 할 수 있습니다. 다른
모음에 비해서 이 발음을 명확히 해주면 비교적 발음이
정확하고 찰지다는 느낌을 주기에도 좋습니다.
　'ㅗ'와 'ㅜ'는 원순모음으로 입을 동그랗게 모은 뒤 입
술을 앞으로 훅 내밀어야 정확한 발음이 가능한데요. 입
을 입체적으로 쓰지 않는 사람들은 'ㅗ'와 'ㅜ'를 발음할

때도 입이 제자리에서만 움직이기 때문에 웅얼거리는 듯한 소리가 납니다. 무언가를 물고 말하는 모습을 상상해 보면 이해하기 쉬울 거예요. 입을 평면적으로 쓰는 버릇이 있다면 이렇게 무언가 물고 발음하는 웅얼거리는 듯한 소심한 인상을 주게 됩니다.

이런 분들은 뽀뽀한다고 상상하며 입술을 모아 앞으로 내밀어 주는 'ㅗ'와 'ㅜ' 입 모양 스트레칭을 자주 해주면 좋습니다. 입 근육도 자주 사용하는 쪽으로 굳어지기 때문에 말할 때 입을 평면적으로 움직이는 게 습관인 사람은 입체적으로 움직이는 게 쉽지 않을 수 있습니다. 또 나는 충분히 내밀었다고 생각했는데 그 정도가 일반적인 정도보다 적을 수 있고요. 하지만 이렇게 뽀뽀하는 듯한 스트레칭 연습을 몇 번만 해줘도 금방 근육이 풀리고 움직임이 한결 편안해지는 걸 느낄 수 있을 거예요. 저 또한 방송 들어가기 전에는 입 근육을 풀어주기 위해 뽀뽀하는 듯한 입 모양을 만들었다가 풀어주기를 반복합니다. 명확한 발음을 위한 준비운동 스트레칭이라고 생각하면 됩니다.

마지막으로 주의해야 할 점은, 중급자 이상인 분들이 기억해 주시면 좋은 방법인데요. 대부분 발음에 어려움을 겪는 분들은 입을 세로로 벌리는 정도가 작다는 점에서 문제가 발견되는데요. 이를 고치기 위해 입을 과하게 벌리면서 연습하다 보면 세로로 벌리지 말아야 할 부분에서도 과하게 벌려 특유의 '쪼'가 생기는 경우가 간혹 있습니다. 저 또한 과하게 연습하다 보니 이상한 습관이 배어 고치는 데 꽤 오랜 시간이 걸렸는데요. 특히 'ㅏ'와 'ㅓ' 모음을 발음할 때 과하게 턱을 내리고 입을 세로로 크게 벌리다 보면 과장되고 부자연스러운 소리가 나기도 합니다. 이미 충분히 입을 크게 벌려 발음하는데 왠지 조금 올드하게 느껴지거나 과하게 멋을 부리는 것 같은 느낌이 든다면 'ㅓ'와 'ㅏ' 모음에서 턱을 너무 내리고 있어서 발생하는 문제이니 꼭 한번 점검해 보세요.

선천적으로 혀가 짧은 편인 저도 연습을 통해 지금은 "발음이 찰지다"라는 이야기를 듣게 되었으니, 여러분들도 충분히 고칠 수 있습니다. 시간이 날 때마다 틈틈이 앞서 알려드린 '모음 발음 정확히 하기' 방법을 따라 해보세요. 연습을 위한 별도의 텍스트를 준비하실 필요는 없습니다. 인터넷을 하다가, 책을 읽다가 생각이 나면 그때 눈앞에 보이는 문장을 모음에 집중하며 읽기만 하면 됩니다. 혼자 있을 때는 입을 크게 크게 벌려 발음하는 연습까지 함께해주면 더욱 빠르게 효과를 느끼실 수 있습니다.

이중모음,
가성비 최고의 발음 효과

　다른 모음들도 많은데 하필 '이중모음'이라는 생소한 내용을 따로 설명하는 게 의아하실지도 모르겠습니다. 그런데 생소하게 느껴지는 이 이중모음이야말로 발음 중에서 가장 가성비 좋은 발음입니다. 별거 아닌데 조금만 신경 써주면 단번에 아주 야무지고 명확한 느낌을 낼 수 있기 때문입니다.

　반면 그만큼 잘하지 못했을 때 치명적인 영향을 미치는 발음이기도 합니다. 사실 일상에서 편하게 대화를 나눌 때 발음이 100퍼센트 명확한 사람은 드뭅니다. 하지만 그중에서도 유난히 이 이중모음을 잘하지 못하면 '혀가 짧다', '애 같다'라는 느낌을 풍기게 되어 아무리 실력이 좋아도 똑 부러진 이미지를 갖기는 어렵습니다. 도대체 이중모음이 무엇이길래 이렇게 인상에 중대한 영향을 미치는 걸까요? 어떻게 하면 제대로 된 발음으로 한층 더 성숙하고 전문적인 인상을 만들 수 있는지 살펴보도록 하겠습니다.

이론적으로 명확한 설명을 위해서는 단모음부터 정의해야 하는 것이 맞지만, 문법을 하나하나 따져가는 것은 이 책의 목적에는 부합하지 않기 때문에 복잡한 문법적 설명은 뒤로하겠습니다. 이중모음은 쉽게 말해 모음 두 가지가 합쳐진 것이라고 생각하면 됩니다. (정확히는 단모음 두 개가 합쳐지는 것이지만 자세히 이해하지 않으셔도 됩니다.) 예를 들어 'ㅝ' 모음은 'ㅜ' 모음과 'ㅓ' 모음 두 개가 합쳐진 이중모음이구나 하는 정도로만 이해하셔도 충분합니다.

이제 발음에 대한 설명으로 바로 넘어가 보겠습니다. 'ㅜ'와 'ㅓ' 모음이 합쳐진 'ㅝ'는 'ㅜ'와 'ㅓ' 소리를 모두 내줘야 합니다. 'ㅜ'로 시작해서 'ㅓ'로 빠르게 입 모양을 전환해 줘야 하는 것이죠. '우 + 어'를 빠르게 '우어, 우어, 우어' 하다 보면 정확한 '워' 발음이 완성됩니다. 당연하고 뻔한 이야기 같지만, 생각보다 이 두 가지 발음을 모두 살리지 못해서 혀 짧은 소리가 나는 경우가 많습니다. 예를 들면 'ㅜ'와 'ㅓ' 중 'ㅓ'에만 치중된 소리를 내면 'ㅝ' 발음이 'ㅓ'처럼 들립니다. 이게 바로 우리가 일반적으로 생각하는 '혀 짧은' 소리인 거죠.

근본적으로는 'ㅜ' 발음까지 하는 게 번거롭다 보니 입을 게으르게 움직이면서 'ㅜ'는 거의 없다시피 생략하고 'ㅓ'만 발음하면서 생기는 문제라고 할 수 있습니다. 이렇게 이야기하면 잘 와닿지 않을 테니 이제 실제 문장으로 예시를 들어보겠습니다.

나는 원래 이렇게 발음해
나는 언래 이렇게 발음해

두 가지 문장을 차례로 발음해 봅시다. 평상시 두 문

장 중 어디에 더 가깝게 발음하고 계신가요? 평소 혀 짧은 소리를 내거나 사투리를 쓰는 사람이라면 '원'보다 '언'처럼 발음하는 경우가 많을 겁니다. 이런 분들은 '언'이 아니라 '원'으로, 'ㅜ' 모음까지 살려서 입을 움직여야겠다는 생각만 해도 단번에 큰 효과를 볼 수 있습니다. 발성은 오랜 기간 연습이 필요할지라도, 발음은 일상에서 아주 살짝만 주의를 기울여도 최고의 효율로 인상을 개선할 수 있으니까요. 예시를 또 들어보겠습니다.

좌석에서는 과자를 먹으면 원래 안 돼

좌석에서는 가자를 먹으며 언래 안 대

발음을 할 때면 아래 문장처럼 이중모음을 전부 날려서 발음하는 경우가 아주 흔합니다. 오히려 'ㅗ'와 'ㅏ' 발음 모두 살려서 정확한 'ㅘ' 발음을 하는 사람이 소수에 해당되기 때문에 이 발음만 잘해도 평상시 쉽게 들어보지 못한 '딕션 왕'을 만난 것 같은 느낌을 줄 수 있는 것

이죠.

특히 다른 발음에 비해 이중모음을 잘하면 성숙하고 고급스러운 느낌까지 나는 경우가 많으니 반드시 신경 써서 발음해 보기를 권합니다.

간혹 평상시에 이중모음을 너무 날리면서 발음해 오던 게 습관이 된 사람은 아무리 신경 써도 제대로 발음하기 어려울 수도 있습니다. 이중모음을 위해 빠르게 움직여야 하는 입 근육이 굳어버린 것이죠. 이런 경우에는 어색하게 느껴지더라도 아래와 같이 연습해 보면 좋습니다.

좌석에서는 과자를 먹으면 원래 안 돼

조아석에서는 고아자를 먹으면 우언래 안 도애

약간 과장되어 부자연스럽게 느껴지겠지만 두 모음을 모두 살려 따로 적어놓고 읽어보는 연습을 하는 것도 감을 잡는 데 큰 도움이 됩니다. 천천히 읽어서 위 문장이 어느 정도 입에 붙었다 싶으면 본래 이중모음처럼 빠르게

어른스럽고 야무진 인상을 만드는 발음법

발음하는 연습을 하면 점점 자연스럽게 멋진 발음을 해 낼 수 있을 겁니다.

이외에도 문법적으로 정확히 따지자면 이중모음은 아니지만 겉보기에는 이중모음과 비슷하게 생긴 모음들이 있는데요. 바로 'ㅟ'와 'ㅚ' 모음입니다. 사실 엄밀히 말하면 이중모음에 해당하지 않는 모음이지만 우리는 문법 시험을 보기 위해 공부하는 게 아니라 성숙한 말투 사용법을 익히는 게 목적이니 앞서 설명한 원리 정도만 이해하고 넘어가도 괜찮습니다.

마지막으로 '최고 위원회'라는 단어로 연습하면 고난도로 연습할 수 있습니다. 대부분 '체고 위언해' 느낌으로 발음하곤 합니다. 글자로만 봐도 혀가 짧은 것처럼 느껴지지 않나요? 특히 실생활에서 자주 사용하는 '최고', '최선', '신뢰'와 같은 단어에서 'ㅚ' 모음을 '체고', '체선', '신레'처럼 읽어버리면 아무리 발성이 좋고 목소리가 좋은 사람이라도 아이 같은 인상을 벗어나기 쉽지 않을 겁니다. 이 또한 '초에고', '초에선', '신로에'와 같이 발음하는 걸로 연습해 보면 좋습니다.

이중모음과 유사 이중모음 세트들을 조금만 신경 써서 발음해도 주변에서 "왜 이렇게 발음이 정확해졌어?" 하는 이야기를 들을 수 있을 겁니다. 오늘부터 당장 실천해 보세요!

'으' 발음,
인상을 바꾸는 결정적 한끗

스피치 챌린지를 운영하다 보면 사투리를 고치고 싶다는 수강생분들을 자주 만나게 되는데요. 사투리를 고치는 데 효과가 좋은 방법이자 가장 기본이 되는 방법은 앞장에서도 설명한 평조 만들기입니다. 그런데 억양 외에도 사투리를 사용하는 사람의 가장 큰 특징이 또 하나 있는데요. 바로 자음 '으' 발음입니다.

사투리를 쓰는 걸 상상해 보면 '으'을 알파벳 'e'처럼 강하고 거세게 발음하는 게 떠오르지 않나요? 그런데 이렇게 '으'을 'e'처럼 발음하는 건 비단 사투리만의 특징이 아닙니다. 서울에 오랜 기간 살아온 서울 토박이들도 이렇게 'e'처럼 발음하는 경우가 대부분입니다. 서울 사투리라고도 할 수 있겠죠.

이 'ㅇ' 발음을 조금만 부드럽게 해주는 것만으로 훨씬 여유로운 인상을 줄 수 있습니다. 'ㅇ'를 'e'처럼 처리하면 발음이 굉장히 날카롭고 거센 느낌이 나는데요. 음도 통통 튀면서 평조도 무너지게 되죠. 그러다 보니 차분하고 여유로운 느낌보다는 다소 공격적이고 유치한 느낌을 주게 되는 것입니다.

'나는 충분히 부드럽게 하는 것 같은데?' 하는 분들을 위해 간단한 실험을 하나 해보겠습니다. 다음 문장을 평상시 말하는 것처럼 읽어보세요.

오늘은 일요일입니다.

유난히 'ㅇ'이 많이 들어가는 문장인데요. 대부분 '일요일'의 첫 번째 '일'은 'e'처럼 납작하고 날카롭게 처리할 거예요. 사투리를 쓰는 사람들은 전반적으로 모든 'ㅇ'을

•——— 어른스럽고 야무진 인상을 만드는 발음법

세게 발음하지만, 사투리를 쓰지 않아도 유난히 '일요일'의 첫 '일'은 거세게 발음하더라고요. 저 역시 마찬가지였고요.

그런데 아나운서들이 방송하는 걸 보니 전부 첫 번째 '일'도 다른 'ㅇ'처럼 부드럽고 둥근 느낌으로 발음하더라고요. 이거 하나만 바꿔주니 그다음부터는 불필요하게 음이 튀면서 평조가 깨지는 습관이 확 줄어들었습니다. 자음 'ㅇ' 특유의 부드럽고 둥근 느낌을 더 살려주니까 문장이 전반적으로 더 둥글둥글해진다는 느낌도 들었습니다. 그리고 평소 이렇게 발음하는 사람이 많지 않으니 주변에서 "왜인지 모르겠는데 오늘따라 되게 아나운서 같다"라는 평을 듣기도 했죠. 정말 별거 아닌 것 같은데 이 한 끗 차이가 인상을 바꾸는 결정적 지점이 된 겁니다. 어떠신가요? 여러분도 실천해 보고 싶지 않나요?

평생 'ㅇ'을 'e'처럼 발음하며 살아왔으니 마음먹는다고 한 번에 발음이 부드러워지지 않을 수 있어요. 그래서 이번에도 감을 잡기 쉬운 팁을 하나 소개해 드릴게요.

숫자 '2'와 알파벳 'e'를 차례로 발음해 볼까요? 대부분 숫자 '2'는 부드럽게 잘 읽습니다. 이때 '2(이)'를 발음했던 부드러운 느낌을 고정해 놓고 여기에 받침만 하나씩 붙인다고 생각하면 훨씬 편합니다. 숫자 '2(이)' 발음에 받침 'ㄹ'만 끝에 살짝 붙여준다고 생각하면 '일' 발음이 되는 거죠. 처음엔 이중모음처럼 천천히 합쳐도 좋습니다.

이+일 ⇨ 이일 ⇨ 일 ⇨ 일요일

스스로 차이를 한번 체감하고 감을 잡으면 그다음부터는 조금만 신경 써도 고급스럽게 발음할 수 있습니다. 특히 사투리를 고치고 싶은 분들께는 특효약이니 생각날 때마다 한 번씩 연습해 보세요.

더 부드럽고 더 유연하게,
연음 마법

입도 크게 벌리고, 명확하게 발음하려다 보면 온몸에 힘이 들어가 발음이 오히려 딱딱하고 부자연스럽게 느껴지는 분들이 계실 겁니다. 전반적으로 열심히 발음하는 건 아주 좋은 현상인데요. 그럼에도 너무 딱딱하고 긴장한 것처럼 들리면 듣는 이도, 말하는 이도 피로하고 부담스럽겠죠?

문제는 강약 조절에 있습니다. 모든 발음에 전부 힘을 줘서 발음하면 힘을 빼야 하는 부분에도 힘이 들어가게 되죠. 이렇게 강약 조절 없이 모든 구간에 힘이 들어가게 되면 긴장한 듯한 딱딱한 어조가 나오는 겁니다. 그렇기 때문에 이 문제를 해결하기 위해서는 '어? 이상한데? 그냥 원래대로 발음해야겠다' 하고 돌아가는 게 아니라 힘을 빼야 하는 곳에서 제대로 힘을 빼주기만 하면 되는 겁니다.

지금부터 어디에 어떻게 힘을 빼야 하는 건지 알려드릴게요. 이번에도 복잡하고 머리 아프기만 한 문법적 설명은 생략하고 정말 실생활에 당장 적용할 수 있는 핵심만 쏙 빼서 쉽게 설명할 테니 천천히 잘 따라와 주세요.

간단합니다. 'ㅇ' 연음을 해주는 겁니다. 앞에서 'ㅇ'을 부드럽게 처리하는 방법을 설명했는데요. 이에 더해 연음까지 처리해 주면 두 배는 더 부드럽고 유연한 말하기가 가능합니다. 연음이라는 용어부터가 어려운 문법 규칙 같아서 벌써 머리 아파 하는 분들이 계실 텐데요. 걱정할 필요 없습니다. 말 그대로 '음을 연결해서 발음하는 거구나' 정도로만 기억하셔도 괜찮습니다. 복잡한 예외 사항이나 규칙은 실생활에서 고려하기 어려우니 연음이라는 개념의 느낌만 기억하고 넘어가셔도 됩니다.

여기서 음을 연결해서 발음한다는 건 아무 때나 연결

할 수 있는 건 아니겠죠. 예를 들어 '안녕하세요'에서는 연결할 수 있는 부분이 하나도 없습니다. 하지만 단어 중간에 'ㅇ'으로 시작하는 글자가 들어가면 가능합니다. 예를 들어볼게요.

밥을 먹어요
바블 머거요

위 글자를 글자 그대로 명확히 힘을 주어 정직하게 발음하면 오히려 유치하게 느껴질 수 있습니다.

밥 / 을 / 먹 / 어 / 요

이렇게 하나씩 글자 단위로 분리되어 들리는 거죠. 한글을 잘 모르는 외국인이 말하는 느낌과 비슷하달까요?

밥을 먹는다는 문장의 의미를 이해하고 자연스럽게 말하는 것이 아니라 발음에 치중하다 보니 한 글자 한 글자 틀리지 않고 완벽하게 발음하는 데에만 혈안이 되는 부작용이 생기는 거죠. 실제 들릴 때도 한 글자 한 글자가 완벽하게 발음이 되긴 하지만 글자끼리 연결이 되지 않으니 하나의 의미 단위로 들리지 않아 어색합니다. 이는 처음 스피치 연습을 하는 분들이 가장 자주 저지르는 실수이기도 합니다. 수영할 때 힘을 빼야 할 때는 빼야 물에 뜰 수 있듯이, 말을 할 때도 힘을 빼주어야 하는 부분에서는 힘을 빼고 부드럽게 넘어가야 자연스럽게 들립니다.

이때 앞서 소개한 연음을 적용해 주면 훨씬 부드럽고 연결되는 느낌이 듭니다. '밥/을/먹/어/요'가 아니라 '바블 / 머거요'라는 하나의 의미 단위로 연결이 되는 거죠.

이렇게 의미를 연결하고 말을 둥글게 만들어주는 것이 바로 'ㅇ' 연음의 힘입니다. 간혹 문법 규칙에 따라 연음을 해서는 안 되는 'ㅇ'도 존재하는데요. 일상생활에서 말을 할 때 연음이 가능한 경우와 해서는 안 되는 경우를 매번 구분해 가며 말을 하는 것은 불가능합니다. 그렇기 때문에 저는 전반적으로 'ㅇ'을 연결하는 느낌으로 이야기하는 방식을 더 추천합니다. 연음을 해서는 안 되는 부분에서 연음을 한다고 해서 크게 부자연스러워지지는 않으니까요. 'ㅇ'이 나오는 부분은 연결해 준다는 개념으로 접근하면 정확하지는 않더라도 매우 효율적이라는 점, 기억해 주세요!

'흥' 발음으로
귀에 꽂히는 딕션 만들기

지금까지는 발음 이야기를 하면서 모음 발음의 중요성을 강조했는데요. 대부분 잘되지 않던 발음들은 앞서 알려드린 모음 발음 연습법을 활용하면 대부분 해결될 겁니다. 그럼에도 예외적으로 많은 사람이 헤매는 자음 발음이 몇 개가 있어 이번 장에서 따로 정리해 보려고 합니다.

바로 'ㅅ, ㅈ, ㄹ, ㅎ' 발음입니다. 기존에 해당 발음에 대한 고민이 없던 분이라면 굳이 읽지 않고 넘어가셔도 좋습니다. 오히려 평상시 발음을 잘하고 있다가 괜히 혼란스러워질 수도 있거든요.

우선 'ㅎ' 발음은 어려워하는 사람이 따로 있다기보다는, 대부분 제대로 발음하지 않고 대충 지나가는 경우가 많기 때문에 먼저 다뤄보도록 하겠습니다.

'ㅎ' 발음은 앞서 말씀드렸듯 어려운 발음은 절대 아닙니다. 누구나 마음만 먹으면 제대로 잘할 수 있는 발음이죠. 하지만 문제는 대부분 'ㅎ' 발음을 잘하지 않는다는 겁니다. 그래서 'ㅎ'을 'ㅇ'처럼 대충 발음해 버립니다. 한번 생각해 볼까요? 아래 단어들 중 'ㅎ'을 제대로 살려서 발음한 경우가 얼마나 되나요? 'ㅇ'처럼 대충 뭉뚱그려 발음하고 있지는 않았나요?

안녕하세요 vs 안녕아세요
계획을 발표하다 vs 계왹을 발표아다

'ㅎ'이 첫 글자, 첫 자음으로 나오는 단어, '환영', '행사'와 같은 단어에서는 이를 'ㅇ'으로 발음하는 사람은 드뭅니다. 하지만 단어 중간에 'ㅎ'이 나오면 대부분 'ㅇ'처럼 처리합니다. 완벽한 'ㅇ'으로 읽는 사람은 드물겠지만, 대부분 'ㅎ'보다는 'ㅇ'에 가까운 느낌으로 발음하는 경우가 많습니다.

이렇게 대부분의 사람이 대충 발음하는 경우는 오히려 우리에겐 기회일 수 있는데요. 남들은 대충 발음하는 'ㅎ'을 나만이라도 좀 더 살려서 발음하면? 어딘지 모르게 발음이 야무지고 명확하다는 인상을 주기 쉬워지겠죠.

예를 들어 아나운서로 활동하고 있는 이나연 님은 〈환승연애 2〉에서 전 연인과 싸우는 상황에서도 야무지고 정확한 발음을 보여주며 "역시 아나운서 딕션이다"라는 감탄을 자아내기도 했는데요. 싸우는 장면을 귀 기울여 들어보면 일반인에 비해 'ㅎ' 발음을 모두 정확히 살려서 발음하는 걸 확인할 수 있습니다.

"막 대하기 시작했어. 막 대한 거야"라고 말할 때 대부분의 사람은 "막 대아기"처럼 'ㅎ'을 'ㅇ'처럼 처리했겠지만, 'ㅎ'을 정확히 발음함으로써 귀에 꽂히는 딕션을 만들어 낸 겁니다. 이처럼 'ㅎ' 발음은 'ㅅ'처럼 사람들이 어려워하는 발음이 아니기 때문에 누구나 조금만 신경 쓰면 완벽하게 발음할 수 있는 발음입니다. 한 끗 차이로 똑 부러진 이미지를 보여줄 수 있는 건 덤이고요. 그러니 꼭 실생활에서 활용해 보시기 바랍니다.

여전히 'ㅎ' 발음이 어려운 분들을 위해 팁을 하나 드릴게요. 'ㅇ'과 달리 'ㅎ'은 바람이 나가는 소리입니다. 'ㅇ'을 발음하다가 'ㅎ'을 발음하려고 하면 치아와 치아 사이에서 바람이 나가는 느낌이 들 겁니다. 이렇게 제대로 발음을 내보내는 힘에 신경을 써서 발음하면 더 정확한 'ㅎ' 발음을 구사할 수 있습니다.

한국인이 유독 어려워하는
'ㅅ' 발음

지금부터는 한국인들이 정말 잘하고 싶어도 잘하지 못하는 발음 이야기로 넘어가 볼게요. 바로 'ㅅ' 발음입니다. 방송인 노홍철 님은 'ㅅ' 발음을 'th'처럼 발음해서 웃음을 자아낸 적이 많은데요. 일부러 웃음을 주기 위한 의도라면 괜찮겠지만 중요한 자리나 공적인 자리에서 어른스럽고 전문적인 이미지로 보이고 싶은데 'ㅅ'을 'th'처럼 발음하면 신뢰감을 주기 어렵겠죠?

이제부터 'ㅅ' 발음이 어려운 분들을 위해 두 가지 해결책을 드릴게요. 각자 자신에게 잘 맞는 방법을 선택해 보시길 바랍니다. 발음이라는 건 한 번만 감을 익혀두면 평

──── 어른스럽고 야무진 인상을 만드는 발음법

생 습관처럼 써먹으면서 이미지를 크게 개선할 수 있는 방법이니 생각날 때마다 한 번씩 연습해 보기 바랍니다.

먼저 첫 번째 방법은 가장 기본이 되는 방법입니다. 'ㅅ' 발음이 잘 안되는 분들 중에는 'ㅅ' 발음만 만나면 긴장하고 혀가 뻣뻣하게 굳는 분들이 많은데요. 그래서 더더욱 'ㅅ' 발음에 신경을 쓰다 보니 더 딱딱한 발음이 나오게됩니다. 그래서 우선 'ㅅ' 발음에 대한 부담감을 내려놓고, 'ㅅ'과 같이 붙어 있는 모음을 길게 밀어주는 것에 집중하는 것을 추천합니다. 모음을 명확히 소리 내는 것에 집중하면 'ㅅ' 발음까지 자연스러워지는 경우가 많으니 참고해주세요.

예를 들어볼까요? 'ㅅ' 발음이 많은 '사실상'이라는 단어를 읽을 때 'ㅏ, ㅣ, ㅑ' 모음을 밀어주듯이 발음하는 것에 방점을 두는 거죠. 모음이 한 개 더 있다고 생각해도 좋습니다. '사아시일사앙' 이렇게 읽는 거예요. 이 느낌을 기억한 채로 아래 나오는 방법을 병행하면 더 큰 효과를 볼 수 있습니다.

두 번째 방법은 혀의 위치를 잡기 위한 연습법으로 아주 간단한 방법입니다. 《한석준의 말하기 수업》에서 소개된 방법이기도 한데요. 바로 'ㄴ, ㄷ, ㄹ'과 'ㅅ'을 똑같이 생각하는 겁니다. 'ㄴ, ㄷ, ㄹ'은 한국인들이 틀리지 않고 잘 발음하는 자음인데 이때 혀의 위치가 'ㅅ'을 발음할 때와 비슷하니 'ㅅ' 발음이 새는 느낌이 든다면 'ㄴ, ㄷ, ㄹ'을 차례로 발음해 보고 그 느낌 그대로 'ㅅ' 발음을 점검해 보면 좋습니다.

이를 활용해 연습을 한번 해볼게요. 'ㅅ'이 들어간 글자를 모두 'ㄴ, ㄷ, ㄹ'을 바꿔서 발음해 본 뒤 다시 'ㅅ' 발음으로 돌아가 보는 겁니다. 'ㄴ, ㄷ, ㄹ'을 발음할 때의 혀의 위치와 감각이 어느 정도 남아 있는 상태에서 다시 'ㅅ'을 발음하면 처음보다 훨씬 명확하게 발음되는 걸 몸소 느낄 수 있습니다. 연습이 가능한 예문을 드릴게요.

[원래 문장] 서울에서 시작한 수산시장에서
소현이는 소품을 세 개 샀다.
[ㄴ버전]　너울에너 니작한 누난니장에너

노현이는 노품을 네 개 났다.

[ㄷ버전] 더울에더 디작한 두단디장에더

도현이는 도품을 데 개 닸다.

[ㄹ버전] 러울에러 리작한 루란리장에러

로현이는 로품을 레 개 랐다.

[원래 문장] 서울에서 시작한 수산시장에서

소현이는 소품을 세 개 샀다.

[원래 문장] 서서 소리를 듣던 서울시 수사팀장은

수건을 손에서 놓쳤다.

[ㄴ버전] 너너 노리를 듣던 너울니 누나팀장은

누건을 논에너 놓쳤다.

[ㄷ버전] 더더 도리를 듣던 더울디 두다팀장은

두건을 돈에더 놓쳤다.

[ㄹ버전] 러러 로리를 듣던 러울리 루라팀장은

루건을 론에러 놓쳤다.

[원래 문장] 서서 소리를 듣던 서울시 수사팀장은

수건을 손에서 놓쳤다.

어떤가요? 처음 원래 문장을 읽을 때는 'ㅅ' 발음이 연달아 나와 발음이 잘되던 사람들도 'ㅅ' 발음이 새는 경우가 많은데요. 받침 발음을 제외하고 첫 자음으로 나오는 'ㅅ'을 'ㄴ, ㄷ, ㄹ'로 차례로 바꿔서 읽으며 혀의 감각을 익힌 뒤 그 느낌을 그대로 살려 다시 원래 문장으로 돌아가면 훨씬 정확하고 찰진 발음이 가능할 겁니다. 아주 단순하면서도 감을 익히기에 효율적인 방법이지요.

'￦'과 'ㅈ'은
혀의 위치만 바꿔도 해결된다

'ㄹ' 발음 자체를 어려워하는 분들은 사실 그렇게 많지는 않습니다. 그런데 잘못된 방식의 'ㄹ' 발음이 습관처럼 굳어 있는 분들은 꽤 많습니다. 'ㄹ' 발음을 영어 'r' 발음처럼 굴려서 발음하는 경우입니다. 그러나 'ㄹ' 발음은 이와는 정반대로, 오히려 정직하게 '깔짝거리듯' 발음하는 것이 맞습니다. 입술과 가까운 천장 앞에서 혀가 앞으로 깔짝! 깔짝! 하는 느낌, 소심하게 톡톡 찍어준다는 느낌을 떠올리시면 좋은데요. 평소 'r'처럼 굴려서 발음하는 분들은 혀를 앞으로 살짝만 깔짝거리며 발음해야 하는 'ㄹ'을 너무 깊숙이 혀를 꺾으며 뒤로 굴려 보내기 때문에 부자연스러운 겁니다. 그래서 이 경우엔 아주 얕게 톡 쳐주는 이미지 트레이닝이 도움이 됩니다. 과하게 말려 있는 혀를 펴주는 것입니다.

전반적으로 이 '깔짝거리는' 느낌을 기본으로 가져가면서 거기에 더해 'ㄹ'이 받침에 오는지, 초성에 오는지에 따라 조금씩 느낌을 달리 가져가 주면 더 찰진 발음이 가능합니다.

초성 'ㄹ'은 방금 언급했듯 입천장을 긁어주면서 튕기는 느낌으로, 입천장의 앞부분에서 중간 정도 부분에서 움직이면 됩니다. 이때 입천장 앞으로 너무 훅 나가버리면 'ㄹ'이 'ㄴ'처럼 들려 혀 짧은 소리가 날 수도 있으니 주의해 주세요.

반면 종성으로 오는 'ㄹ', 즉 받침 발음 'ㄹ'은 초성 'ㄹ'보다 혀를 좀 더 말아주는 느낌입니다. 혀의 안쪽 부분은 입천장에 살짝 붙이는 느낌이고요. 이때 혀가 너무 펼쳐지면 마찬가지로 'ㄹ'이 'ㄴ'처럼 들려 혀 짧은 소리가 나니 주의해 주세요. 그렇다고 혀를 지나치게 말아서 입천장이 아닌 목구멍을 막는 위치에 닿게 되면 'r' 발음이 되니 그 중간점을 찾는 것이 중요합니다.

마지막으로 한국인이 자주 틀리는 'ㅈ' 발음도 간단히 짚고 넘어가겠습니다. 'ㅈ' 발음을 알파벳 'Z'처럼 발음하는 경우가 종종 있는데요. 'ㅈ' 발음은 경구개음으로 입천장의 딱딱한 부분에 혀가 닿아서 나는 소리입니다. 그런데 이 발음이 샌다는 건 혀가 닿아야 하는 곳에 닿지 않고 공중에 떠 있기 때문이죠. 알파벳 'Z'와 한글 'ㅈ'을 번갈아 발음해 보면 'Z'는 혀가 천장에 닿지 않은 채 붕 떠 있고, 한글 'ㅈ'은 확실히 혀가 천장에 닿는 걸 느낄 수 있습니다.

첫인상을 결정하는
'안녕하세요' 발음법

　　래퍼들처럼 말을 빠르게 하는데도 발음이 뭉개지기는 커녕 오히려 귀에 쏙쏙 들어오게 말하는 사람들이 있습니다. 이렇게 발음이 귀에 착착 감기게 말하는 데에는 어떤 비법이 있는 걸까요?

　　바로 '받침 발음'을 살리는 겁니다. 앞서 언급한 모음 발음을 밀어주듯 발음하고, 입을 크게 벌리면 명확하고 자신감 있는 발음이 되는데요. 이에 더해 받침 발음을 살리면 왠지 모르게 똑 부러지고 야무진, 그야말로 '귀에 때려 박는 느낌'으로 전달력을 끌어올릴 수 있습니다. 이를 우리가 가장 많이 사용하면서도 가장 많이 놓치는 '안녕하세요' 인사말에 적용해 보려 합니다. 사람의 첫인상은 3초 안에 정해진다고 하는데요. 그만큼 가장 먼저 내뱉는 '안녕하세요' 인사는 인상을 정하는 데 아주 중요한 역할을 하겠죠? 이 인사말을 명확하게 하는 연습을 통해 야무진 첫인상을 함께 만들어봅시다.

　우선 '안녕'에서는 받침 발음 'ㄴ'과 'ㅇ'이 연달아 나오는데요. 대부분 둘 중 하나는 날려서 발음하는 경향이 있습니다. '아녕하세요' 혹은 '안녀하세요'처럼 발음하는 거죠. 가장 처음 내뱉는 첫 두 글자부터 받침 발음을 날려버리면 뒤에 아무리 멋있게 말한다고 해도 인상을 바꾸는 데 어려움이 있습니다. '안'의 'ㄴ' 받침, '녕'의 'ㅇ' 받침에 신경을 써줘야 합니다.

　이 두 받침 발음을 제대로 느끼기 위해서는 받침 발음이 있을 때와 없을 때를 각각 발음해 보며 차이를 직접 느끼는 것이 가장 직관적입니다. '아녕하세요'와 '안녕하세요'를 차례로 발음해 봅시다.

아녕하세요

⇨ 혀가 공중에 떠 있고 열려 있는 느낌

안녕하세요

⇨ 혀가 입천장에 확실히 닿으면서 닫히는 느낌

두 발음을 연달아 해보면 확실히 'ㄴ' 받침이 있고, 없
고에 따라 느낌이 다르다는 걸 느낄 수 있을 겁니다. 그
차이는 혀가 입천장에 확실히 닿는지의 여부입니다.

다음으로는 '안녀하세요'와 '안녕하세요'를 차례로 발
음해봅시다.

안녀하세요

⇨ 혀가 입천장 쪽에 가깝게 움직임

안녕하세요

⇨ 혀가 윗니 뒤에 닿아서 움직임

___

이 또한 직접 발음해 보면 확실한 차이가 느껴지실 거예요. 복잡한 이론적 설명을 거치지 않고도 'ㅇ' 발음이 있고 없고에 따라 혀를 차는 느낌이 다르다는 걸 이해할 수 있습니다.

이에 더해 그동안 배웠던 모음 발음의 중요성도 다시 한번 떠올려 볼까요? '안녕하세요'를 제대로 발음하기 위해서는 '안'과 '하'에 있는 'ㅏ' 모음이 제대로 발음되어야 합니다. 그리고 입이 세로로 충분히 벌어져야 합니다. 그런데 대부분 입을 크게 벌리기 귀찮아서 평소 입을 벌리고 있던 상태에서 이 발음을 하는데요. 그러면 '은녕흐세요'에 가까운 소리로 발음됩니다. 이런 발음은 자신감 없고 소심해 보이는 첫인상을 줄 수 있으니 주의해야 합니다. 오늘부터 '안녕하세요'의 모음인 'ㅏ, ㅕ, ㅏ, ㅔ, ㅛ'를 확실히 밀어주면서 발음해 주는 것, 잊지 마세요!

어른 말투 체크리스트

평조

☐ 한 단어 내에서 음의 출렁임이 심하지는 않는가

☐ 끝음이 상승조로 올라가 아이 같은 느낌을 주지는 않는가

어미

☐ 조사나 어미를 끌거나 강조하지는 않는가

☐ 강세가 앞이 아닌 뒤에 들어가지는 않는가

호흡

☐ 호흡이 너무 짧게 끊겨 분절감이 들지는 않는가

☐ 말을 시작할 때마다 호흡 소리가 너무 크게 나진 않는가

☐ 어깨와 가슴이 들썩이는 흉식호흡을 하진 않는가

───── 어른스럽고 야무진 인상을 만드는 발음법

발성

☐ 멀리 있는 사람이 듣기에도 충분한 목소리 크기로 말
하는가

☐ 오래 말했을 때 목이 쉽게 갈라지고 아프지는 않는가

톤

☐ 내 보이스톤보다 낮은 톤을 사용해 목이 잠기지는 않
는가

☐ 내 보이스톤보다 높은 톤을 사용해 가늘게 소리 나진
않는가

강조

☐ 중요한 키워드를 충분히 강조하며 말하는가

☐ 처음부터 끝까지 모든 단어에 힘이 들어가진 않는가

속도

☐ 빠른 부분과 느린 부분을 구분해 강약 조절을 하는가

☐ 속도가 너무 빨라서 숨이 차거나 침이 고이지는 않는가

발음

☐ 입을 충분히 크게 움직이며 모음 발음을 명확히 하는가

☐ 이중모음이 뭉개지거나 받침발음을 생략하고 있진 않
는가

☐ 'ㅅ' 발음이 새거나 'ㄹ'을 'r' 처럼, 'ㅈ'을 'z'처럼 하진
않는가

☐ 'ㅇ'을 알파벳 'e'처럼 강하게 발음하진 않는가

CHAPTER 4

말에
힘을 실어주는
고급 기술

숨 쉬는 것도
기술이다

이번 챕터에서는 '숨쉬기 기술'에 대해 설명하려고 합니다. '숨 쉬는 건 당연한 거 아냐?', '누구나 할 수 있는 거아냐?'라고 생각하실 수 있는데요. 평소 말할 때 숨 쉬는 건 누구나 쉽게 컨트롤할 수 있지만, 발표나 공적인 말하기, 긴장되는 미팅 상황 등에서는 숨을 쉬는 것조차 어렵게 느껴질 수 있습니다. 어떤 때에는 머리가 하얘지면서 '내가 평소에 어떻게 숨을 쉬었지?' 하는 생각이 들기도 합니다.

이렇게 숨쉬기는 가장 쉬운 듯하면서도 긴장되는 상황에서는 가장 먼저 무너지는 부분이기도 합니다. 또 꼭 긴장되는 상황이 아니라도 긴 문장을 말해야 할 때, 또 말의 맛을 살려 맛깔나게 전달하고 싶을 때도 이 숨 쉬는 기술이 아주 중요합니다. 우선 본격적인 기술을 설명하기 전에 간단한 용어부터 정리하겠습니다.

아나운서들의 대본을 보면 '/'나 'V' 표시를 종종 볼 수 있는데요. 이게 바로 숨을 쉬는 곳을 표시한 기호입니다. 어디서 문장을 끊어가야 내용을 제대로 전달할 수 있는지 고민해서 표시하기도 합니다. 강조하고 싶은 부분을 맛깔나게 살리기 위해, 말의 속도를 조절하며 밀당하기 위해 사용하기도 하죠. 이때 숨 쉬는 기호를 '/', 'V' 이렇게 두 가지로 표시하는데요. 두 기호의 차이는 쉽게 말해 '얼마나 더 오래 쉬는가'의 차이라고 생각하면 됩니다. '/' 기호에서는 완전히 쉬는 느낌을 주며 문장 중간에서 끊어가고요. 'V'에서는 티 나지 않을 정도로만 살짝 쉬어가는 정도입니다.

이처럼 숨 쉬는 구간은 두 가지 단계로 나누는 것을 추천합니다. 한 가지 방법으로만 쉬어가면 너무 똑같은 리듬과 속도로 자주 끊어가는 느낌이 들어 자칫 지루하

◆——— 말에 힘을 실어주는 고급 기술

고 딱딱하게 느껴질 수 있습니다. 그러니 상황에 따라 두 기호를 적절히 섞어 사용하는 것이 좋습니다.

이때 '/'를 '포즈', 'V'를 '반포즈'라고 부릅니다. 포즈는 영어에서 'pause', 즉 일시정지라는 뜻이고, 반포즈는 그 일시정지의 반만큼만 쉬어가면 된다는 뜻이니 쉽게 기억할 수 있겠죠? 앞으로는 포즈와 반포즈라는 용어를 활용해 설명하도록 하겠습니다.

포즈와 반포즈를 활용해 문장 사이사이 적절하게 숨을 쉬면 호흡이 부족해 말이 빨라지거나 목소리가 가늘어지는 문제를 간단하게 해결할 수 있습니다. 기본적으로 포즈는 완전히 하나의 의미 단위가 끝났을 때 사용하고, 반포즈는 하나의 의미 단위가 완전히 끝나진 않았지만 그 안에서 잠시 숨을 쉴 구간이 필요할 때 적절히 사용하면 됩니다.

포즈와 반포즈는 단순히 숨을 고르거나 문장의 내용을 명확히 하는 것 이외에도 사용되는데요. 그 핵심적인 역할이 바로 '강조'입니다. 특정 단어를 강조하기 위한 목적으로, 강조하고 싶은 단어 앞에서 포즈나 반포즈를 활용합니다. 포즈를 사용하면 적막이 느껴지며 듣는 이로부터 뒤에 나올 내용을 예상하거나 상상할 수 있는 시간을 주기도 하고요. 다른 곳을 보거나 집중력이 흐려져 있다가도 말이 끊기면 다시 말소리에 주목하게 되는 것이 사람의 심리이니 이목을 끌기에도 좋습니다.

또 긴장감을 주는 데도 효과적입니다. 예를 들어 서바이벌 프로그램에서 "이번 프로그램의 우승자는 누구입니다"라고 쉬어가지 않고 한 번에 말한다면 어떨까요? 다소 힘이 빠지고, 시시하게 느껴지겠죠. 이 기술을 잘 활용한 예시가 "60초 후에 공개하겠습니다"와 같은 멘트인데요. 이렇게까지 내용을 지연시키지는 않더라도 강조하고 싶은 단어 앞에서 잠시 포즈나 반포즈를 두고 쉬어가면 효과를 아주 톡톡히 볼 수 있습니다.

이에 더해 정말 명확하게 말해야 하는 단어 앞에서 내가 숨을 한 번 더 가다듬고, 정제된 상태에서 다시 말을 시작하게 해주는 '쉬는 시간'이 되기도 합니다. 듣는 이는 맛깔나서 좋고, 말하는 이는 말하기 편해서 좋은 것이죠. 면접이나 발표 혹은 미팅 자리에서 이 기술을 사용하면 '말하기 고수 같다'라는 인상을 줄 뿐만 아니라 상대가 내 말에 더 집중하는 효과를 볼 수 있습니다. 말을 동일한 리듬감으로 와다다다다 쏟아내는 것이 아니라, 손바닥 위에 말을 두고 쥐락펴락하며 맛깔나게 통제할 수 있다는 느낌이 드니까요. 진정한 고수는 쉬어가야 할 때, 쉬어갈 줄 아는 사람입니다.

당연한 소리를 하는 것 같다고요? 쉬워 보일 수 있겠지만 우리는 의외로 이 기술을 잘 활용하지 못하는데요. 오히려 무서워하기까지 합니다. 왜냐하면 사람들은 대부분 말의 공백이 생기는 정적의 시간을 두려워하기 때문입니다. 말을 이어가다가 할 말이 잘 떠오르지 않거나, 발음이 꼬이거나 등 여러 가지 문제로 잠시 말을 쉬어가야 하는 상황이 있을 수 있습니다. 그런데 대부분 어떤 선택을 할까요? 쉬어가기를 선택할까요? 아닙니다. 대부분은 '음, 어, 아, 그래서, 근데'와 같이 불필요한 말을 덧붙이기 시작합니다. 혹은 짧은 문장을 길게 늘어놓기도 하고요. 하지 않아도 될 말을 갑작스럽게 꺼내고 나서 집에 돌아가는 길에 '아, 내가 그 말을 그때 왜 했지?' 하고 후회하기도 합니다. 이 모든 건 쉬어가는 정적의 구간을 용납하지 못하는 조바심 때문입니다. 다음 말을 까먹은 걸 들킬까 봐, 당황한 게 티 날까 봐, 말을 못하는 사람처럼 보일까 봐… 괜스레 다음 단어가 생각나지 않으면 겁부터 먹고 빈 공간을 어떻게든 메우려고 하는 거죠. 앞서 언급한 숨쉬기의 미학과는 전혀 다른 방식으로 대처하고 있는 것 같지 않나요?

특히 다음 할 말이 바로 생각나지 않을 때 '음, 어, 아'와 같은 추임새를 붙이는 건 한국인이 가장 많이 선택하는 방식인데요. 영어 말하기 시험을 보는 중이라면 정해진 시간 안에 최대한 유창해 보이게 많은 말을 쏟아내야 하니 '필러 워즈(filler words)'와 같이 말 중간중간을 채워주는 추임새가 필요할 수도 있습니다. 하지만 우리는 외국어 시험을 보고 있는 게 아니잖아요. 한국인이 한국어를 하는 것이기 때문에 과한 '어, 음, 아'와 같은 필러 워즈는 오히려 역효과를 낳습니다. 긴장하지 않고 여유로운, 말 잘하는 사람으로 보이고 싶다면 빈 공간을 메우는 것이 아닌 여백 그대로 놔두는 것이 좋습니다. '여백의 미'라는 말이 있듯 말에도 충분히 쉬어가는 '정적의 미'가 필요합니다.

이때 정적이 어색해서 멋있게 포즈를 주고도 무안하고 불안해 보이는 표정과 눈빛으로 그 효과를 반감시키는 분들도 많은데요. 정적이 흘러도 아무 일도 일어나지 않습니다. 오래 쉬어도 전혀 어색하거나 이상하지 않아요. 숨을 쉬기 위해서, 속도를 조절하기 위해서, 스스로를 가다듬기 위해서 혹은 강조하기 위해서, 심지어 뒤에 해야 할 말이 기억나지 않아서 의도치 않게 포즈를 두었다고 하더라도 오히려 그 포즈를 기회로 역이용하면 됩니다. 뻔뻔하고 자신감 넘치는 표정으로 '내 말은 다 내 손안에 있다', '내가 통제할 수 있다', '일부러 쉬어가는 거야'라는 느낌으로 상대방과 눈을 마주하는 것이 좋습니다.

이는 발표 외에 면접 상황에서도 아주 유용합니다. 문장 중간에 포즈를 둔다고 해서 말 자체가 느려지는 건 아니니 그저 여유로운 인상을 남길 수 있다는 장점, 이것 하나만 기억하면 됩니다. 겁먹지 말고 포즈와 반포즈를 자유롭게 활용해 보시기 바랍니다.

말하기 고수인 행사 진행자들도 이목을 끌어야 할 때

이 방법을 아주 유용하게 사용합니다. "잠시 주목해 주시기 바랍니다"라고 이야기를 한 뒤 바로 해야 할 말을 이어가는 것이 아니라 주목하라는 말만 던진 채 가만히 기다리는 겁니다. 관객들을 빤히 바라보며 오히려 정적을 즐기는 모습을 보이죠. 그러다 보면 한 명씩 주목하기 시작하는 걸 느끼고, 그런 후에 다음 말을 이어가는 거죠.

문장 중간에 쉬어가는 건 아니지만 정적의 매력을 잘 알고 즐긴다는 측면에서 같은 맥락으로 해석할 수 있습니다. 학생 시절을 떠올려 보면, 수업 시간에 아이들이 떠들 때 선생님은 오히려 목소리를 높여 소리를 지르는 게 아니라, 말을 멈추고 정적을 유지한 채 아이들을 쳐다봅니다. 그럴 때 훨씬 카리스마 있게 느껴지지 않았나요? 일상생활에서 이렇게까지 긴 정적을 사용할 필요는 없지만, 잠시 할 말이 생각나지 않을 때 '어, 음, 아'와 같은 불필요한 추임새로 말을 지저분하게 만드는 대신 조바심을 내려놓고 정적의 미학을 떠올리시길 바랍니다.

•——— 말에 힘을 실어주는 고급 기술

강조를 잘해야
말맛이 산다

누군가 이야기하는 걸 들으면서 '저 사람, 말을 참 맛깔나게 잘한다'라고 생각해 본 적 있으신가요? 말에도 '맛'이 있습니다. 말을 맛있게 하는 건 결국 '변화'에서 나옵니다. 처음부터 끝까지 같은 리듬, 같은 속도, 같은 음, 같은 느낌으로 말하면 로봇같이 느껴지고 지루하겠죠? 이때 우리는 말이 맛이 없다고 생각합니다. 이와 반대로, 다양한 변주가 조화를 이룰 때 맛있고 찰진 말하기를 할 수 있습니다.

그런데 변주를 주는 것이 중요하다고 해서 처음부터 끝까지 음도 들쑥날쑥, 박자도 들쑥날쑥하면 어떨까요?

전반적으로 정제되지 않고 지저분한, 정신없는 말하기가 되겠죠. 그러니 이 변화를 주는 것도 강약 조절이 필요한데요. 그러기 위해서는 어디를 강조하고, 어디를 강조하지 않을지를 정하는 것부터가 시작입니다. 강조해야 할 부분을 찾으면 말의 맛을 살려 적당한 변주를 줄 수 있으면서도 변주가 과해서 지저분해지는 걸 막을 수 있습니다. 물론 강조해야 할 부분을 강조함으로써 내가 하고 싶은 말을 명확히 전달할 수 있는 건 당연한 효과일 거고요. 이번 챕터에서는 말을 전달하는 데 효율성을 높여줄 뿐만 아니라, 말의 맛까지 더해주는 강조 방법에 대해 알아보겠습니다.

강조의 방법은 크게 세 가지로 나뉩니다. 첫 번째 방법은 음의 높낮이를 조절하는 것이고요. 두 번째는 말의 속도를 조절하는 것입니다. 세 번째는 포즈를 활용하는 것이죠. 어렵지 않은 방법이니 순서대로 살펴보겠습니다.

먼저 음의 높낮이를 조절하는 방법입니다. 내가 강조하고 싶은 단어나 문장의 음을 높이거나 낮추는 두 가지 방법으로 활용이 가능합니다. 사실 이 방법이 세 가지 강

・── 말에 힘을 실어주는 고급 기술

조의 방법 중에 가장 어려운 방법이기도 한데요. 속도나 포즈에 비해 음의 높낮이는 자연스럽게 조절하는 것이 쉽지 않을 수 있습니다. 그래서 주로 고수들이 사용하는 방법이기도 하죠. 하지만 몇 번만 연습해 보면 음을 어느 정도 폭으로 낮추거나 높이는 게 자연스러우면서도 강조가 되는지 금세 파악할 수 있을 거예요.

너무 과하게 톤을 높이거나 낮추기보다는 기존에 말하고 있던 톤에서 딱 한 톤만 높이거나 낮춘다고 생각하면 됩니다. 이때 특정 단어를 강조하기 위해 음을 바꿨다면, 그 단어 내에서는 그 음을 그대로 유지해야 한다는 걸 기억해 주세요. 해당 단어를 마치기도 전에 음을 다시 원래대로 돌려버린다면 오히려 평조가 깨지고 출렁이는, 애 같은 말투처럼 들릴 수 있습니다. 그러니 한 단어 내에서는 확실히 하나의 음을 유지하며 평조를 지켜주세요. 예를 들어보겠습니다.

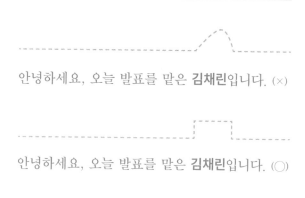

안녕하세요, 오늘 발표를 맡은 **김채린**입니다. (×)

안녕하세요, 오늘 발표를 맡은 **김채린**입니다. (○)

이름을 강조하고 싶을 때, 이름 안에서는 모두 같은
음을 유지한 채로 음을 높여주는 것이 맞습니다. 첫 번째
경우처럼 음을 뾰족하게 높였다가 급격하게 낮추는 식으
로 단어 내에서 음이 출렁거리면 평조를 망치게 되니 주
의해 주세요. 이처럼 발표 상황에서 인사를 한 뒤 자신의
이름을 높여 강조하는 방법은 자주 사용되는 방법이니
꼭 활용해 보시기 바랍니다.

이에 더해 음을 낮추는 것도 음을 통한 강조 방법 중 하나입니다. 음을 높이는 것보다는 다소 생소하게 느껴질 수 있지만, 잘만 사용하면 고수 같다는 느낌을 줄 수 있는 고급 스킬입니다. 마찬가지로 인사를 예로 들어 연습해 보겠습니다.

안녕하세요. 오늘 발표를 맡은 **김채린**입니다. (◯)

다음은 말의 속도를 조절해 강조하는 방법입니다. 강조하고 싶은 부분에서는 말을 천천히 늘어뜨린다고 생각하면 됩니다. 말을 천천히 하는 게 생각보다 쉽지 않은 분들은 강조하고 싶은 글자의 모음을 길게 밀듯이 발음한다고 생각해 보세요. 모음이 하나씩 더 달려 있다고 생각해도 좋습니다.

안녕하세요. 오늘 발표를 맡은

기임채애리인입니다.

대신 모든 강조점마다 말이 느려지고, 문장마다 강조점이 너무 자주 등장할 경우 말을 절뚝거리며 하게 된다는 느낌이 듭니다. 말이 유려하게 이어지기보다는 계속해서 급브레이크를 밟는다는 느낌이랄까요? 이를 막기 위해서는 강약 조절이 생명입니다. 강조하고 싶은 부분에서 충분히 천천히 말했다면, 강조할 필요가 없고 중요하지 않은 부분에서는 조금 **빠르게** 넘어가 주는 겁니다. 직관적으로 표현하기 위해 '후루룩 간다'라고도 말하는데요. 이렇게 천천히 꾹꾹 눌러 강조하는 부분과 '후루룩' 넘어가는 부분이 적절히 조화를 이루면 말이 맛있어집니다. 또 강조하고 싶은 부분이 더 느리게 느껴져 강조의 효과를 배로 만들어주기도 합니다. 그러니 말의 속도 변화를 이용한 강조에서는 후루룩 넘어가도 되는 부분은 어디인지도 꼭 생각해 보시기 바랍니다. 특히 앞의 내용이 반복되는 부분일 경우 혹은 중요하지는 않지만 형식적으로 들어가는 말일 경우에는 다음과 같이 후루룩 넘어가는 것이 좋습니다.

[굵은 글씨는 강조, 괄호는 후루룩 읽기]

안녕하세요, 오늘 발표를 맡은 **김채린**입니다.

(오늘 발표에서는) **말을 맛있게 하는 방법**을

(소개하려고 합니다.)

(말을 맛있게 한다는 것은 결국) 말에 **강약 조절**을 주는 것을 말하는데요.

마지막 강조 방법은 가장 쉬운 방법인데요. 강조할 단어 앞에서 포즈를 두고 잠시 쉬어가는 방법입니다. 이 방법은 앞에서 자세히 설명했으니 간단하게만 짚고 넘어가겠습니다. 강조하고 싶은 말 앞에서 뜸을 들이면 정적의 시간 동안 이목을 끌어오며 내 호흡을 가다듬을 수 있습니다. 또 한층 더 여유롭게 대중을 휘어잡는 느낌을 줄 수

도 있는 방법입니다.

안녕하세요, 오늘 발표를 맡은 /

(쉬고) 김채린입니다.

강조의 방법 중에서도 포즈를 활용하는 건 가장 쉽고
도 효과적인 방법이니 꼭 사용해 보세요.

말에도 밀당이 있다, 변주 활용법

　지금까지 말도 얼마든지 원하는 대로 맛을 낼 수 있다고 이야기했습니다. 또 말의 맛을 살리는 핵심은 변화를 주는 것에 있다고도 했죠. 이를 위한 방법으로 강조를 통해 강약 조절하는 방법을 소개했는데요. 이번에는 변화를 통해 말의 맛을 살리는 방법을 알려드리려고 합니다. 강조를 통한 변주가 초보를 위한 방법이었다면, 이번 방법은 더 본격적인 '밀당'을 하는 방법으로 중급 난이도라고 할 수 있겠네요. 매력적인 사람은 밀고 당기기를 여유롭게 잘하는 사람이듯, 매력적으로 말하는 고수는 말을 밀고 당기며 말의 주도권을 쥐고 가지고 논다는 느낌을 줍니다. 말을 가지고 밀당을 한다는 건 어떤 느낌일까요? 그 비밀은 '문장 간격'에 있습니다.

앞선 강조 방법 중 포즈를 활용해 잠시 쉬어가는 걸 소개했죠. 이 방법은 한 문장 앞에서 특정 단어의 앞뒤로 쉬어가는 방법이니 1차원적입니다. 여기서 한 단계만 더 확장해 볼까요? 문장 안에서만 쉬어가는 길이로 변주를 주는 게 아니고요. 이제는 문장과 문장 사이에서도 변주를 주는 겁니다.

말하기 초보가 말하는 걸 잘 들어보면 공통점이 있습니다. 한 문장에서 다음 문장으로 넘어갈 때 쉬어가는 길이가 모두 일정하다는 겁니다. 그러니 이 사람이 다음 문장을 언제쯤 시작할지 그 박자가 예측이 가죠. 이러한 말하기는 초등학생 시절 국어책을 읽는 듯한 느낌을 주기도 하는데요. 조금 세게 말하자면 다소 유치하게 느껴지기도 합니다.

하지만 고수는 문장과 문장 사이의 간격이 다 다릅니다. 그래서 이 사람이 언제 다음 문장을 시작할지 예측이 가지 않습니다. 어떨 때는 반 박자 빠르게 치고 들어가기

←── 말에 힘을 실어주는 고급 기술

도 하고요. 어떨 때는 반 박자 늦게 다음 문장을 시작하며 말을 가지고 놀아요. 우리가 추구하는 어른스럽고 고급스러운 말하기는 바로 이 기술에서 시작됩니다. 뻣뻣하고 지루한 말하기가 아닌, 밀당하듯 쫀득한 말하기를 원한다면 꼭 이 기술을 연습하고 체화해 보시길 바랍니다.

여러분의 이해를 돕기 위해 문장 사이에서 길게 쉬어가는 구간은 '///'로, 보통의 구간에서는 '//'로, 짧게 쉬어가는 구간은 '/'로 표기하겠습니다.

[초보의 말하기]

문장 사이 간격이 일정해서 뻣뻣하게 들림.

안녕하세요. // 오늘 발표를 맡은
김채린입니다. // 오늘 제가 말씀드릴 주제는
말의 맛을 살리는 겁니다. // 말에도 맛이 있냐,
의아하실 수 있는데요. // 말을 맛있게 한다는
건 어떤 의미인지 설명해 보겠습니다.

문장 사이 간격이 다채로워 말의 맛이 살아있음.

안녕하세요. / 오늘 발표를 맡은
김채린입니다. /// 오늘 제가 말씀드릴 주제는
말의 맛을 살리는 겁니다. / 말에도 맛이 있냐,
의아하실 수 있는데요. // 말을 맛있게 한다는
건 어떤 의미인지 설명해 보겠습니다.

어떤가요? 차이가 확실히 느껴지지 않나요? 미리 원
고를 준비할 수 있는 발표 자리에서는 이렇게 문장 간격
을 미리 표시해 두는 것도 좋은 방법이고요. 이런 연습이
체화되면 평상시 말할 때도 자유자재로 활용할 수 있게
될 겁니다. 이 기술을 통해 오늘부터 말하기 초보에서 고
수로 레벨업해 보세요.

그런가 하면 문장 사이 간격 변주 외에도 변화를 줄 수
있는 방법이 한 가지 더 있습니다. 바로 종결어미에 변주

를 주는 건데요. 어려운 방법이 아니니 짧게 다뤄볼게요.

처음에 배웠던 평조, 하강조, 상승조 기억나시나요? 끝음을 올려 말하는 게 상승조, 내려 말하는 게 하강조 그리고 평탄하게 쭉 펴주는 게 평조였습니다. 이때 문장이 끝나는 느낌을 주기 위해서는 하강조로 마무리하는 게 좋고, 이어지는 느낌을 위해서는 상승조와 평조를 섞어 사용하는 게 좋다고 말씀드렸죠? 이 방법은 말의 맛을 살리기 위한 변주로도 활용이 가능합니다. 특히 문장의 끝머리인 종결어미에서 음을 어떻게 처리하는지에 따라 말의 느낌이 완전히 달라집니다.

종결어미는 '~습니다', '~입니다', '~이다', '~에요'와 같은 문장의 끝부분인데요. 모든 문장의 종결어미를 일정하게 내리기만 하거나 올리기만 하면 지루하고 쉽게 예측이 가능하겠죠? 문장 사이 간격에 변주를 주었던 것처럼, 종결어미에서도 상승조, 하강조, 평조를 번갈아 가며 다채롭게 사용하면 말의 맛을 살릴 수 있습니다.

앞서 설명했듯 문장 시작 부분에서는 상승조를 사용해 이어가는 느낌을 살리는 것이 좋고, 문단의 마지막 부분에서는 하강조를 사용해 끝맺는 느낌을 주는 것이 좋다고 했는데요. 이 틀만 지킨다면 그 외 문장은 내가 자유롭게 변형이 가능하다는 말이기도 하죠. 특히 상승조도 크게 올리는 상승조, 살짝만 올리는 상승조가 있을 수 있고요. 하강조도 크게 훅 내리는 하강조와 살짝만 내리는 하강조가 있으니 이것까지 다채롭게 조절하면 총 5가지 방식으로 종결어미에 변주를 줄 수 있는 거예요.

[초보의 말하기]
종결어미가 모두 하강조로 지루한 느낌.

안녕하세요↘ 오늘 발표를 맡은 김채린입니다↘
오늘 제가 말씀드릴 주제는 말의 맛을 살리는
겁니다↘ 말에도 맛이 있냐, 의아하실 수
있는데요↘ 말을 맛있게 한다는 건
어떤 의미인지 설명해 보겠습니다↘

[고수의 말하기]
종결어미가 다채로워 말의 맛이 살고 풍성한 느낌.

┌── 말에 힘을 실어주는 고급 기술

안녕하세요↗ 오늘 발표를 맡은 김채린입니다→
오늘 제가 말씀드릴 주제는 말의 맛을 살리는
겁니다↘ 말에도 맛이 있냐, 의아하실 수
있는데요↗ 말을 맛있게 한다는 건
어떤 의미인지 설명해 보겠습니다↘

이때 '안녕하세요'와 같은 첫 인사말에서는 꼭 상승조를 사용하는 걸 추천합니다. 상승조는 그 뒤에 상대방에게 대답을 넘기는 듯한 느낌을 주는데요. 그래서 듣는 이도 속으로 대답을 하며 소통하는 듯한 느낌을 줄 수 있습니다. 반면 인사를 하강조로 할 경우에는 다소 독단적이고 형식적으로 홀로 인사를 건네고 마무리 짓는 듯한 느낌이 나기도 합니다. 첫 시작을 여는 인사말인 만큼, 상승조를 쓰는 습관을 들이는 것이 좋습니다.

또 인사말 뒤에 자신의 이름을 소개하는 '김채린입니다'와 같은 부분에서는 평조나 하강조를 쓰는 것이 좋은데요. 이때 하강조를 사용할 경우 맥락이 잠시 끊어지면서 마치 단상 앞에 나와 인사를 할 것 같은 느낌을 줄 수 있습니다. 물론 잠시 멈춰가며 박수를 받거나 고개를 숙여 인사를 할 때는 애매하게 평조로 끝내는 것이 아닌 하강조로 마치는 느낌을 주는 것이 좋습니다. 이 타이밍에서 박수를 받고 싶은데 다들 박수를 쳐야 하는 건지, 말아야 하는 건지 헷갈려 분위기가 모호해지는 경험, 다들 한 번씩 있으시죠?

말하는 이가 하강조로 마치는 느낌을 주지 않고 애매하게 상승조나 평조를 사용하면 왠지 다음 말을 곧장 이어갈 것 같은 느낌을 주기 때문에 박수를 치기가 애매하다고 판단할 수 있습니다. 박수를 쳐야 할 상황과 아닌 상황의 명확한 구분이 없으면 듣는 이도, 말하는 이도 민망한 순간이 생길 수 있으니 자신이 원하는 흐름에 따라 적절한 종결어미를 사용하길 추천합니다.

또한 박수나 인사 없이 바로 다음 말을 이어가고 싶다면 평조를 써서 이어가는 느낌을 주는 것이 좋습니다. 하강조를 사용하면 갑작스럽게 박수를 받으면서 뒤에 이어가려던 말을 당황해서 끊게 될지도 모르니까요. 그 외 나머지 상황에서는 종결어미를 자유롭게 사용하며 변화를 주는 것이 좋습니다. 가능하면 두 번 이상 같은 종결어미가 이어지지 않도록 하는 것이 좋고요. 연달아 같은 종결어미 처리가 나올 경우에는 상승조나 하강조의 꺾는 정도를 다르게 해서 변주를 주는 것이 좋습니다.

이외에도 종결어미 처리를 신경 써야 할 중요한 경우가 하나 더 있어 짚고 넘어갈게요. 바로 '나열'의 경우입니다. 비슷한 맥락과 형태의 단어를 나열해야 하는 경우인데요. 예를 들자면 "오늘 참석한 사람은 A, B, C 그리고 D입니다"와 같이 A, B, C, D가 나란히 등장할 때입니다. 이때는 더욱더 종결어미 변주에 신경을 써주어야 합니다. 모두 똑같이 하강조로 처리하면 다소 기계적이고 어색하게 들릴 수 있으니까요. 따라서 종결어미를 내렸다가 올렸다가 변주를 주는 것이 매우 중요합니다. 아나운서들이 뉴스를 할 때도 이러한 나열 상황에서 모두 다르게 처리하는 걸 볼 수 있을 겁니다.

[말하기 초보]

기계적이고 딱딱함.

오늘 참석한 사람은 현주↘ 석희↘ 채린↘
그리고 지윤입니다↘

[말하기 고수]
다채롭고 자연스러움.

오늘 참석한 사람은 현주↗ 석희↘ 채린→
그리고 지윤입니다↘

차이가 느껴지시나요? 상승조와 하강조, 평조를 적절
히 사용하는 것만으로 다채롭고 풍부한 맛을 낼 수 있으
니 오늘부터 적용해 보세요.

웃는 인상은
'김치' 대신 '니은'으로

사람의 인상을 결정하는 가장 중요한 요소는 무엇일까요? 말투나 목소리도 중요하지만, 저는 단연코 '표정'이 제일 중요하다고 생각합니다. 아무리 멋있는 말투와 목소리, 제스처를 사용한다고 해도 표정이 여유롭지 못하고 어딘가 딱딱하고 어색하다면 멋있는 '아우라'를 풍기기 어렵습니다. 결국 목소리와 말투라는 청각적인 작용은 '표정'이라는 시각적인 작용과 어우러져 이미지를 형성하게 됩니다. 따라서 표정 또한 스피치의 일부라고 생각하고 연습해야 합니다.

표정을 통제하는 것은 활짝 웃는 것부터가 시작입니

다. 정말 웃음이 나오는 상황이라면 전혀 어려울 게 없겠지만, 사회생활을 하다 보면 웃을 기분이 아닌데도 미소를 지어야 하는 순간들이 있기 마련입니다. 이때 자연스러운 미소를 지을 수 있는 건 인생에 있어 아주 큰 무기가 됩니다. 또 그만큼 어려운 일이기도 합니다. 깔깔대고 웃다가도 사진만 찍으려고 하면 억지웃음을 짓게 됐던 상황이 한 번쯤은 있으실 겁니다. 그럴 때마다 한국인들이 웃기 위해 가장 많이 쓰는 단어가 있죠. 바로 '김치~', '치즈~'와 같은 단어입니다. 그런데 저는 이 '김치'와 '치즈'가 자연스러운 웃음을 오히려 방해한다고 생각합니다. 그래서 이번에는 김치, 치즈가 왜 잘못된 방법인지 그리고 어떻게 웃어야 자연스럽게 웃을 수 있는지 살펴보겠습니다.

자연스러운 웃음의 비밀은 바로 앞광대에 있습니다. 앞광대가 올라가 있다면 꼭 미소를 짓고 있지 않더라도 왠지 모르게 '웃상'처럼 보입니다. 다소 진지하고 심각한 이야기를 하며 정색하고 있다고 하더라도 앞광대를 살짝 끌어 올리고 있으면 호감 가는 표정을 만들기 쉽습니다. 뉴스를 진행하는 아나운서들도 완전히 정색하기보다는 앞광대를 볼록하게 살짝 끌어 올려준 상태일 때가 가장 온화하고 아름답게 보입니다.

그렇다면 이 핵심 원리를 적용해 자연스럽게 웃는 법칙을 도출해 보겠습니다. '김치~', '치즈~'는 모음 'ㅣ'와 'ㅡ'로 끝나는 단어입니다. 'ㅣ'와 'ㅡ' 모음을 하나씩 발음해 볼까요? 앞광대가 볼록하게 올라가며 들어 올려지나요? 전혀 그렇지 않습니다. 광대와는 상관없이 'ㅣ' 모음은 거의 제자리에서 움직이는 모음이고요. 'ㅡ' 모음은 입을 가로로 찢는 방식입니다. 앞광대를 끌어 올리지 않은 채 'ㅡ' 모음처럼 입을 양옆으로 찢기만 하면? 그게 바로 억지웃음이 되는 겁니다. 얼굴의 다른 근육은 전혀 웃고 있지 않은데 입만 양옆으로 쭉 찢은 모양이 되지요. 더 어색하고 부자연스럽기만 합니다. 그래서 'ㅣ'와 'ㅡ' 모음으로 끝나는 '김치'와 '치즈'는 자연스러운 미소를 보여주기에 적절한 단어가 아닌 겁니다.

그렇다면 어떤 단어를 사용해야 할까요? 제가 여러 단어를 시도해 본 결과 답은 '니은'이었습니다. 'ㅡ' 모음처럼 입을 가로로 찢기만 하고 끝나는 게 아니고요. 'ㄴ'이 받침으로 더해지면서 입을 가로로 찢은 상태에서 앞광대를 살짝 들어 올려주게 됩니다. 이때 '은' 발음만 하면 조금 소극적인 느낌이 들 수 있기 때문에 앞에 'ㅣ' 모음을 붙여 '은'으로의 입 모양 변화를 더 드라마틱하게 연출하는 겁니다. 어떤가요? '니은' 단어가 미소 짓기 좋은 단어인 게 이해가 가시나요? 그렇다면 바로 실천해 봅시다.

'니'에서 '은'으로 넘어갈 때 'ㅡ' 모음을 확실히 밀면서 양옆으로 입을 찢고 'ㄴ' 받침을 확실히 받쳐주며 앞광대를 끌어 올립니다. 이때 '니'에서 '은'으로 넘어가는 입 모양 차이를 확연히 보여줄수록 더 활짝 웃는 모양을 연출하기 좋습니다. 다만 '니은'이라는 단어에만 너무 집착하기보다는 그 단어를 활용하는 근본 원리를 생각해야 합니다. 이 단어를 사용하는 이유는 결국 앞광대를 자연스럽게 올리기 위한 목적입니다. 그러니 앞볼을 통통하게 모아준다고 생각하고 앞광대의 근육을 확실히 사용해주세요.

이렇게 근육의 움직임을 크고 자연스럽게 만들기 위해서는 얼굴 근육을 미리 풀어주는 스트레칭을 해주는 것도 좋습니다. 실제로 저는 많이 웃어야 하는 자리에 가기 전에는 얼굴을 꾸깃꾸깃 접는다고 생각하고 스트레칭을 해줍니다. 별다른 특별한 스트레칭 방법이 있는 건 아닙니다. 입도 쫙쫙 찢어보고 광대도 들썩들썩 움직여 보며 평소에 잘 사용하지 않던 얼굴 근육을 풀어주는 거예요. 그렇게 스트레칭하고 나면 표정을 사용하기가 훨씬 편해집니다.

앞광대 말고도 자연스러운 미소를 결정하는 중요한 부위가 하나 더 있습니다. 바로 눈입니다. 일반적으로 미소를 짓는 방법을 생각하면 입 모양이 어떤지에 집중하는 경우가 많은데요. 그보다도 앞광대 그리고 눈이 더 중요합니다. 입만 웃고 있다면 어색할 뿐 아니라, 오히려 무섭기까지 합니다. 또 증명사진 찍을 때를 떠올려 보면 눈만 희번득하게 보일 때도 있지요. 앞광대는 물론이고 눈도 함께 웃는 게 매우 중요합니다.

그런데 얼굴 전체를 보고 표정을 연습하려고 하면 내가 눈을 잘 사용하고 있는지 감이 잘 안 오는 경우가 많습니다. 이럴 때는 눈을 제외한 나머지 얼굴 부위를 모두 가린 채 연습하면 도움이 됩니다. 마스크를 사용해 눈 아래를 모두 가리는 것도 좋고요. 마스크가 없다면 그냥 손바닥으로 가린 채 거울을 보고 연습해도 좋습니다. 이 상태에서 한번 웃어볼까요? 아마 대부분 눈만 보이는 상태에서는 아무리 웃어도 웃는 느낌이 전혀 나지 않을 겁니다. 눈까지 웃는 방법을 잘 모르기 때문이죠. 우리의 목표는 눈만 봐도 웃고 있는 걸 알 수 있도록 하는 겁니다. 입이나 광대 등 다른 부위는 신경 쓰지 말고 오직 눈만 보고 웃는 느낌을 만들어주세요. 앞광대를 들어 올렸듯 애굣살을 살짝 들어 올리는 느낌이 좋습니다.

이때, 애굣살을 과하게 들어 올리면 눈이 작아질 수 있으니 자신이 원하는 만큼만 들어 올리는 것이 습관화될 수 있도록 거울을 보고 연습하는 겁니다. 앞서 말한 앞광대까지 같이 연습해 보고 싶다면 마스크나 손을 살짝 내려서 입만 가리고 연습해도 좋습니다. 핵심은 입이 아닌 눈과 앞광대가 들어 올려지는 느낌을 기억하고 체득하는 겁니다.

그럼 이렇게 배운 내용을 스피치 상황에도 적용해 보겠습니다. 입꼬리를 들어 올리고 입을 가로로 찢어 웃어

말에 힘을 실어주는 고급 기술

야 한다고 생각했던 분들은 아마 말하면서 웃는 게 거의 불가능했을 거예요. 말을 하면 입 모양이 바뀌니 계속해서 입꼬리를 찢고 들어 올리고 있을 수 없으니까요. 혹은 이 표정을 유지하기 위해 입을 가로로만 찢고 세로로는 벌리지 않다 보니 소리가 납작하고 가늘어질 수도 있습니다. 억지웃음을 짓는 분들이 가장 많이 실수하는 방법이지요.

하지만 앞광대를 끌어 올리고 눈으로 웃는 방식을 생각하면 말을 하면서도 충분히 미소를 유지할 수 있습니다. 입꼬리가 굳이 올라가 있지 않더라도 충분히 웃고 있다는 느낌을 줄 수 있는 거죠. 우리가 연습해야 할 건 오직 앞광대와 애굣살을 끌어 올린 채 말하는 연습입니다. 입을 찢거나 입꼬리를 올린 채 말하는 방법보다 훨씬 편안하고 오래 유지될 거예요. 꼭 활짝 웃거나 미소를 지어야 하는 상황이 아니더라도 뉴스를 진행하는 아나운서를 떠올리며 앞광대를 활용해 온화한 표정을 연출하는 방법을 연습해 보세요.

계속 대화하고 싶은
사람으로 기억되려면

대화를 하거나 스피치를 듣다 보면 '이 사람과는 대화를 더 이어가고 싶다', '이 사람의 말은 더 들어보고 싶다' 하는 생각이 들게 하는 사람이 있습니다. 반면 왜인지 모르게 대화가 뚝뚝 끊기거나 일방적인 느낌이 들어 대화가 매끄럽지 않다고 느껴질 때도 있고요. 말을 듣는 게 피로하고 지루하게 느껴지는 사람도 있습니다. 사실 말은 본질이 가장 중요한 건 누구나 아는 사실이지만, 같은 내용을 어떤 외관으로 잘 포장하고 다듬어서 전달하는지, 그 형식도 대화를 더 이어가고 싶은지를 결정하는 데 중대한 영향을 미칩니다. 그래서 이번에는 같은 말이라도

•——— 말에 힘을 실어주는 고급 기술

잘 다듬고 포장하는 방법을 몇 가지 소개하겠습니다. 아주 기초적인 이야기지만 사실상 실천하는 사람이 가장 드문 3가지 방법입니다.

첫째, 단문으로 말하기입니다. 문장이 길어질수록 말하는 사람도 말이 꼬이고 어려워집니다. 온갖 부사와 미사여구가 개입되면서 주어와 서술어가 멀어져 정확한 서술어를 찾기 어려워지기 때문입니다. 굳이 이런 문법적인 부분까지 가지 않더라도, 한 문장이 길어질수록 듣는 이가 피로해지는 건 쉽게 공감할 수 있을 겁니다. '그래서 본론이 뭐지?' 하는 생각이 들 수도 있고요. 불필요한 수식 어구가 많으면 많을수록 전달하려는 바가 무엇인지 상대방은 명확히 알기 어려울 수 있습니다.

그럼에도 간혹 '길고 현란하게 말해야 말을 잘하는 거다'라고 오해하는 분들이 간혹 있습니다. 혹은 말을 짧게 해야 하는 걸 인지하고 있음에도 이미 길게 늘이는 말하기가 습관처럼 밴 분들도 많죠. 이런 분들을 위해 말을 짧게 하기 위한 팁을 알려드릴게요. 대부분 한 문장이 길어지는 이유는 '~해서', '~하기 때문에', '~로'처럼 문장과 문장을 이어가기 때문입니다. 이렇게 문장을 이어가야 하는 부분에서 일단 '~습니다'로 마무리 지은 뒤 접속사를 사용해 새로운 문장으로 시작하면 좋습니다. '~해서'라며 말을 이어가기보다는 '입니다. 그래서…' 와 같이 두 문장으로 쪼개는 거죠. '~하기 때문에…'로 이어가는 대신 '~입니다. 그렇기 때문에'로 분리하는 거고요.

이처럼 접속사를 활용해 하나의 문장을 두 문장으로 끊어가면 말의 내용이 듣는 사람에게 훨씬 깔끔하게 전달이 됩니다. '이 사람 말을 참 명확하게 하는구나'라는 느낌을 주기도 하고요. 말하는 사람도 문장이 끝나는 부분에서 호흡을 조절할 수 있으니 훨씬 편합니다. 특히 면접 상황에서 당황하면 문장이 끝날 듯 끝이 나지 않는, 하나의 문장이 줄줄이 소시지처럼 길어지는 경우가 많은데요. 이러한 상황에서는 하나만 기억하시면 됩니다. '단문으로 짧게 끊어 말하기'. 길게 불필요한 미사여구를 늘어놓는 것보다 잠시 정적이 있더라도 한 문장 한 문장을 밀도 있고 간결하게 만드는 것이 더 좋은 인상을 남길 수 있다는 점을 꼭 기억해 주세요.

둘째, 두괄식으로 말하기입니다. 이건 말하기의 기초 중에서도 기초인데요. 생각보다 어려워하는 분들이 많습니다. 특히 스토리텔링 형식으로 시간 순서대로 말하다 보면 결론이 마지막에 오는 경우가 많은데요. 면접이나 미팅 상황에서 이런 식으로 결론을 뒤로 보내서 말을 한다면 결론을 기다리며 듣는 사람으로서는 지루하게 느껴질 수밖에 없겠죠. 내가 무언가를 분명하게 전달하고 주장해야 하는 상황이라면, '두괄식으로 결론부터 말하기'를 꼭 기억해 주세요.

특히 요즘은 숏폼처럼 기-승-전-결의 구조보다는 결-결-결-결 형식의 구조로 이루어진 콘텐츠를 자주 접하기 때문에 결론 없는 스토리텔링에 대한 피로도가 더 높아졌으니, 계속해서 내 이야기를 흥미롭게 듣게끔 하고 싶다면 결론을 앞세워 이야기를 이어 나가 봅시다.

마지막으로 대화가 핑퐁되는 느낌을 주는 겁니다. 상대방이 말을 한 뒤 내가 대답을 하거나 말을 이어갈 차례가 된다면 '네~', '예~'와 같이 대답을 한 뒤 내 말을 이어가는 겁니다. 면접에서 면접관의 질문에 답을 할 때도 마찬가지입니다. 질문이 끝나자마자 바로 답변을 와다다 쏟아낸다면 다소 일방적인 느낌을 줄 수 있으니 주의해야 합니다. 질문에 대한 답을 할 때도 짧은 대답과 함께 상대의 질문을 잘 이해했다는 의사 표시를 하며 고개를 끄덕이는 것이 좋습니다. 이때 아이컨택을 하며 소통하고 있다는 느낌을 강조해 주면 더 좋습니다. 짧은 대답과 아이컨택을 함께해 주면 일방적으로 외워 온 답을 쏟아내는 느낌이 아닌, 면접관과 대화하고 있다는 느낌을 줄 수 있습니다. 의사소통이 잘되는 지원자에게 호감이 가는 건 당연한 심리일 거고요.

대화할 때 혹은 면접 상황에서 야무지고 자신감 넘치는 모습을 보여주려고 하다 보면 자칫 독단적이고 오만한 느낌을 줄 수 있습니다. 반면 겸손한 모습을 보여주려고만 하다 보면 과하게 굽신거리게 되거나 소심해 보일 수도 있습니다. 이 두 가지 조화를 찾는 것이 참 어려운 부분인데요. 이러한 상황에서 자신의 생각을 막힘없이 와다다 쏟아내는 사람은 막힘없이 말한다는 느낌은 줄 수 있지만, 깊이 있거나 울림 있는 사람으로 기억되기 어려

울 수 있습니다. 계속 대화하고 싶은 사람으로 기억되려
면 위의 세 가지 방법을 적절히 활용하여 자신의 생각은
최대한 간결하게 전달하되 상대의 말에는 짧게나마 리액
션을 보여주며 소통이 잘되고 있다는 느낌을 전해줄 수
있기를 바랍니다.

스피치 제스처 체크리스트

지금까지 배운 방법들을 일상에서 대화할 때 하나씩 사용해 보세요. 평조를 사용해 보고, 발성도 활용해 보고, 그동안 잘되지 않던 발음도 신경 써서 발음하다 보면 이전과는 완전히 다른 말투, 나아가 훨씬 어른스럽고 신뢰감 있는 똑 부러진 이미지로 변화된 자신을 느낄 수 있을 거예요.

마지막으로 지금까지 연습한 말투와 스피치 방법을 공적인 자리에서 활용하려 할 때, 목소리뿐만 아니라 전체적인 이미지를 한껏 끌어 올려주는 제스처를 알려주는 것으로 마무리하겠습니다. 아래의 내용들을 토대로 거울을 보며 리허설해 보는 것은 실전에 큰 도움이 되는데요. 특히 자신의 발표 모습을 영상으로 찍어 확인해 보는 것은 거울보다 더 효과적이니 휴대폰을 앞에 두고 영상을 찍어 보세요. 그 영상을 보며 아래의 내용들을 하나하나 체크해 보는 것으로 모든 스피치 준비는 끝입니다!

──── 말에 힘을 실어주는 고급 기술

□ **손이 부산스럽게 움직이지는 않는가**

손동작이 많으면 산만하고 부산스러워 보입니다. 따라서 정말 중요한 곳에서만, 강조하고 싶은 부분에서만 손동작을 취하는 것이 좋습니다.

□ **손이 특정 동작을 취한 뒤 3초 이상 충분히 유지하는가**

동작을 취하고 나서 어색하고 부끄러운 마음에 빠르게 거두는 경우가 많습니다. 최소 3초 이상 해당 동작을 유지해야 여유로워 보입니다.

□ **동작을 취하지 않을 때 손이 자연스럽게 위치해 있는가**

아무런 동작도 하지 않은 상태일 때 손을 어디에 둬야 할지 몰라 어쩔 줄 몰라 하는 경우가 있습니다. 아직 손동작이 어색하다면 대본을 잡고 있거나 자연스럽게 손을 모으고 있는 것을 추천합니다.

□ 눈이 세 곳 이상의 지점을 옮겨 다니며 아이컨택을 하고 있는가

스피치하는 동안 한두 곳에만 시선이 머무르면 긴장된 느낌을 줄 수 있습니다. 최소 세 곳 이상의 지점을 왼쪽, 오른쪽, 정면에 하나씩 찍어두고 차례로 눈을 맞추는 것이 좋습니다. 발표할 때는 왼쪽, 오른쪽, 정면을 보다가 가장 반응이 좋은 청자를 정해두고 계속 응시하면 도움이 됩니다.

□ 아이컨택 지점을 너무 빠르게 옮기고 있지는 않은가

아이컨택 지점을 너무 빨리 옮겨 다닐 경우, 오히려 불안해 보이고 눈빛이 흔들리는 역효과를 불러일으킬 수 있습니다. 아이컨택은 최소 한 곳을 5초 이상 응시한 뒤 다음 지점으로 옮겨주세요.

□ 앞광대가 끌어 올려진 자연스러운 미소를 짓고
있는가

입을 제외한 다른 부위도 충분히 웃는 느낌을 주고 있
는지 확인해 보세요.

□ 대본을 너무 낮게 들어 허리가 굽어 있지는 않
는가

위에서 나를 묶은 끈이 잡아당긴다고 생각하며 허리
를 꼿꼿이 펴는 건 스피치의 기본자세입니다. 이때 대
본을 너무 낮게 들면 대본을 볼 때마다 허리가 굽어질
수 있으니 대본의 위치는 얼굴을 가리지 않을 정도로
높게 위치시켜 주세요.

□ 허리를 펴기 위해 배를 과하게 내밀고 있지는 않는가

허리를 펴고자 하면 골반 전방 경사가 심한 경우 배가 나오는 경우가 있습니다. 허리를 과신전시켜 배가 튀어나오는 자세는 허리에 무리를 주고 시각적으로도 불안정해 보이니 코어 힘으로 배를 잡아 주세요.

에필로그

    지금까지 말투부터 발성, 발음, 호흡, 이미지 연출까지, 다양한 방법론을 소개했는데요. 이 책을 끝까지 읽고 여기까지 오신 분들이라면 말하기에 대한 관심이 아주 큰 분들이라 생각합니다. 여러 방법론을 배우니 새롭기도 한데 막상 이 많은 방법 중 무엇부터, 어떻게 연습해야 할지 막막한 분들도 많을 것 같고요. 최대한 즉각적인 효과를 볼 수 있는 방법들 위주로 담으려고 노력했으나 결국 스피치 실력을 높이는 가장 좋은 방법은 '반복적인 연습'임은 부정할 수 없습니다. 스피치뿐만 아니라 무엇이든 배우는 과정에서 가장 안 좋은 방식이 여러 가지 방법론에

매몰되는 것입니다. 어떤 방법이 더 효과적인지를 고민하고 옮겨 다니다 보니 사실 그 어떤 방법도 꾸준히 해내지 못하게 되는 거죠. 독자분들에게 잘 맞는 연습법을 찾기를 바라는 마음에서 다양한 방법을 소개했지만, 방법의 다양성이 독이 되지 않기를 바라며, 앞으로 어떻게 스피치 연습을 하면 좋을지 안내하는 것으로 이 책을 마치려 합니다.

먼저 책을 1회독하며 자신의 단점이 무엇인지 파악하고, 가장 먼저 고치고 싶은 1, 2, 3순위를 정합니다. 예를 들면, 1순위는 상승조를 남발하는 습관 고치기, 2순위는 배에 힘을 주고 말하는 복식호흡 감각 찾기, 3순위는 모음 발음을 밀듯이 정확히 하는 습관 가지기. 이런 식으로 말이죠.

여기까지 정리가 됐다면 그 외의 다른 방법론은 거들떠보지도 마시고, 이 3가지를 개선하는 것에만 집중해 보세요. 적어도 한 달 동안은 이 3가지만 집중해서 연습해보는 겁니다. 대신 하루에 이 모든 걸 섞어서 연습하지는 마세요. 발성을 고치려고 집중하니 평조가 무너지고, 발음에 집중하니 평조가 무너지는 등 동시에 모든 걸 고치려고 하면 그 어떤 것도 고치기 힘들어집니다. 월요일에는 상승조를 빼는 것에 집중하고, 화요일에는 탄탄한 발성을 잡는 것에 집중하고, 수요일에는 명확한 발음에 집중해 보는 겁니다. 이렇게 하루마다 테마를 잡아 연습하고, 스스로 녹음본에서 아쉬웠던 영역을 셀프 피드백하며 노트에 기록합니다. 그다음 날에는 셀프 피드백으로 적어둔 내용을 신경 쓰며 차근차근 개선해 나가면 됩니다.

이렇게 자신만의 루틴을 만들어가는 것과 동시에 발성 연습은 매일 기본 10분씩 하고 시작하는 게 좋습니다. 예를 들면 앞서 소개한 폴더폰 발성 연습, 가글하며 공명감 만들기 연습을 10분 동안 진행해 감을 잡는 거죠. 이 상태에서 원고의 모음만 읽으며 발음을 교정하는 식으로요. 그 뒤로는 계속해서 녹음하고, 녹음본 듣기를 반복하며 끝음에서 상승조가 나오는 부분을 모두 평조나 하강조로 바꾸는 것에 집중하는 식으로 말이죠. 하루 30분이면 충분합니다. 바쁜 날이라면 이 루틴을 간소화해서 10분이라도 꾸준히 연습하면 감을 잡는 데에 큰 도움이 될 겁니다.

어떤 자료로 연습하는 게 좋을지에 대해 궁금하신 분들도 많을 텐데요. 가장 좋은 건 뉴스 원고입니다. 그런데 제가 뉴스 원고를 사용해 코칭을 할 때 간혹 "평상시엔 뉴스 진행처럼 말을 할 일이 없는데 뉴스로 연습하는 게 효과적일까요?"라고 되묻는 분들이 종종 계십니다. 스피치 연습에 뉴스 원고가 좋은 이유는 단어나 문장 구조의 측면에서 난이도가 높기 때문에 평소의 안 좋은 습관이 가장 여실히 드러나는 원고가 되어주기 때문입니다. 뉴스 원고를 가지고 가장 최악의 모습을 하나씩 고치기 시작하면 일상생활에서의 말하기에서 더 큰 변화를 느낄 수 있습니다. 오히려 예능과 같은 MC 대본 원고로 연습할 경우, 말에 꾸밈과 기교가 많아져 평조가 무너지고 기본기를 잡기 어렵습니다. 일주일에 5일을 연습한다면 적어도 2~3일은 뉴스 원고로 평조를 잡으며 기본기를 탄탄하게 다지는 걸 추천합니다. 그리고 나머지 이틀은 자신이 좋아하는 드라마 장면이나 기상캐스터, 라디오, MC와 같은 장르 원고를 활용해도 좋습니다. 이러한 자료들은 대부분 방송사 홈페이지에서 쉽게 찾아볼 수 있습니다. 드라마 클립을 사용하고 싶다면 클로바 노트와 같은 자동음성인식 어플을 활용하는 것도 효율적인 방법입니다.

　말씀드렸듯 어떤 방법을 사용할지는 사실 크게 중요하지 않습니다. 어떤 방법이든 꾸준히 하루에 10분씩이라도 유지하는 것이 가장 중요합니다. 부담 없이 하루에 최소 10분이라도 책에 담긴 방법들을 연습해 보세요. 자신도 모르는 새에 어느 순간 변화는 찾아와 있을 테니까요.

**애 같은 말투
10분 만에 바꿔 드립니다**

초판 1쇄 발행 2025년 1월 24일

지은이 김채린
펴낸이 정지은

펴낸곳 (주)서스테인
출판등록 2021년 11월 4일 제2021-000166호
전화 070-7510-8668
팩스 0504-402-8532
이메일 sustain@sustain.kr

ISBN 979-11-93388-16-7 03190

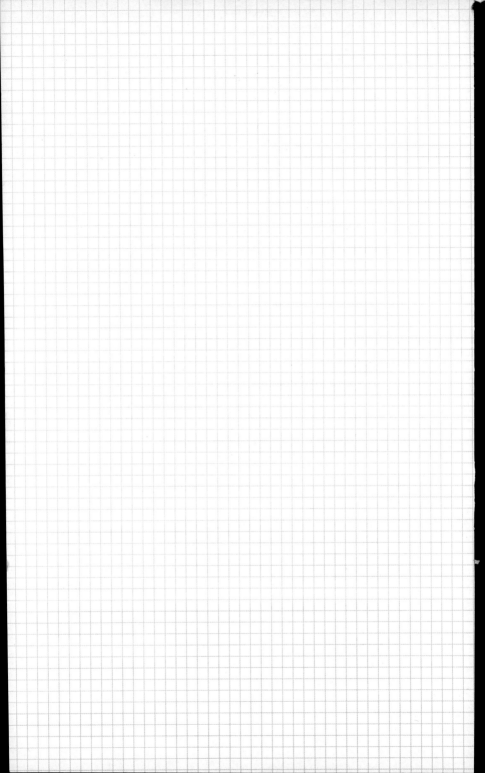